MARTINS PENA
COMÉDIAS
(1844-1845)

Martins Pena (1815-1848)

MARTINS PENA
COMÉDIAS
(1844-1845)

Edição preparada por
VILMA ARÊAS

wmf martinsfontes

SÃO PAULO 2007

1ª edição *2007*

Acompanhamento editorial
Helena Guimarães Bittencourt
Revisões gráficas
Ivani Aparecida Martins Cazarim
Solange Martins
Dinarte Zorzanelli da Silva
Produção gráfica
Geraldo Alves
Paginação
Moacir Katsumi Matsusaki

Dados Internacionais de Catalogação na Publicação (CIP)
(Câmara Brasileira do Livro, SP, Brasil)

Martins Pena : comédias (1844-1845) / edição preparada por Vilma Arêas. – São Paulo : WMF Martins Fontes, 2007. – (Coleção dramaturgos do Brasil)

Bibliografia.
ISBN 978-85-60156-28-3

1. Comédia brasileira 2. Dramaturgos 3. Pena, Martins, 1815-1848 – Crítica e interpretação 4. Teatro brasileiro I. Arêas, Vilma. II. Título. III. Série.

07-0307 CDD-869.92

Índices para catálogo sistemático:
1. Teatro : Literatura brasileira 869.92

Rua Conselheiro Ramalho, 330 01325-000 São Paulo SP Brasil
Tel. (11) 3241.3677 Fax (11) 3101.1042
e-mail: info@martinsfontes.com.br http://www.martinsfontes.com.br

COLEÇÃO "DRAMATURGOS DO BRASIL"

Vol. XVI – Martins Pena

Esta coleção tem como finalidade colocar ao alcance do leitor a produção dramática dos principais escritores e dramaturgos brasileiros. Os volumes têm por base as edições reconhecidas como as melhores por especialistas no assunto e são organizados por professores e pesquisadores no campo da literatura e dramaturgia brasileiras.

Coordenador da coleção: João Roberto Faria, professor titular de Literatura Brasileira da Universidade de São Paulo.

Vilma Arêas, que preparou o presente volume, é autora de livros de ficção (*Aos trancos e relâmpagos*, Scipione, 1987, prêmio Jabuti; *A terceira perna*, Brasiliense, 1992, prêmio Jabuti; *Trouxa frouxa*, Companhia das Letras, 2000, entre outros), ensaísta (*Na tapera de Santa Cruz*, Martins Fontes, 1988; *Clarice Lispector com a ponta dos dedos*, Companhia das Letras, 2005, prêmio APCA e Jabuti) e titular de literatura brasileira pela Unicamp.

ÍNDICE

Introdução IX
Cronologia XXVII
Nota sobre a presente edição XXXIII

COMÉDIAS
(1844-1845)

O namorador ou A noite de S. João 3
O noviço 73
O cigano 205
O caixeiro da taverna 265
As casadas solteiras 327

INTRODUÇÃO*

RELENDO MARTINS PENA

...há na vida ordinária, na metamorfose incessante das coisas exteriores, um movimento rápido que exige do artista idêntica velocidade de execução.

Baudelaire

É de nossos dias uma reavaliação da obra de Martins Pena, já iniciada por Sílvio Romero e Artur Azevedo e facilitada pela publicação de seus *Folhetins*. Acrescenta-se a isso o que hoje se conhece da cenografia e dos espetáculos populares da época. Tais circunstâncias acabaram por negar uma série de lugares-comuns sobre o comediógrafo, principalmente as afirmações de que escrevia mal e desleixadamente, que era indiferente a questões sociais e interessado

* O presente estudo introdutório, a cronologia e a nota à edição estão incluídos nos três volumes em que foram publicadas as comédias de Martins Pena, na coleção Dramaturgos do Brasil. O leitor tem assim facilitada a consulta aos dados críticos e biográficos que acompanham a obra do comediógrafo.

somente em fazer rir com suas farsas, supostamente ingênuas. Hoje podemos dizer com segurança que as comédias e farsas estão longe da simplicidade, compostas que são de vários fios da tradição teatral, incluindo-se aí o universo popular, e que seu autor não escrevia mal. Estava apenas, como Alencar ou Mário de Andrade, interessado na prosódia brasileira, fazendo-a soar no palco. Além disso, não podemos esquecer de que ele era antes de mais nada um homem de teatro. A linguagem e os recursos cênicos usados foram testados e aperfeiçoados com vistas à sua eficácia dramática e não literária.

Pena também não se colocava à parte em relação aos problemas da época. Ao contrário da indiferença, podemos de saída observar sua posição avançada em relação à escravidão. Várias vezes também se mostrou atento a movimentos reivindicativos, como a greve dos coristas em 1847, documentada por ele em *O Jornal do Comércio*, quando então afirmou que a imparcialidade era "fazenda que não se conhecia no mundo". E acrescentou: "tudo é parcialidade". Sua postura simpática aos grevistas valeu-lhe uma vigorosa campanha movida contra ele pelo jornal *O Mercantil*, indignado diante do "princípio inadmissível de que eles" (os cantores) podiam "unir-se e exigir" (edição de 8 de julho de 1847).

A controvérsia acabou sendo-nos útil por fornecer dados biográficos do comediógrafo. Sabíamos de seus estudos das artes, inclusive de música e de línguas, mas pelos ataques do jornal tomamos conhecimento de que era tenor, que cantava em teatros particulares, ao lado de artistas do "público salão", e que também compunha árias, como a que inseriu na ópera *Gemma de Vergi*, entre outras.

O período em que Martins Pena viveu foi palco de grandes modificações na Colônia. Nosso autor nasceu pouco depois da chegada da corte portuguesa ao Brasil, afugentada pelos exércitos napoleônicos, o que nos faz concluir que também somos filhos da Revolução Francesa, pois essa época não deixa de constituir uma espécie de Iluminismo brasileiro. Houve a abertura dos portos, o adensamento do meio cultural, a fundação da Imprensa Régia e dos primeiros jornais, incluindo-se aí o *Correio Braziliense* (1808-1822), nosso periódico inaugural fundado em Londres por Hipólito da Costa, e que significou a primeira publicação em língua portuguesa que circulou independentemente da censura.

Surgiram também a primeira livraria, a Biblioteca Pública, teatros, algumas escolas superiores e a vinda da missão francesa em 1816. Em 1829, D. Pedro I contratou em Lisboa uma companhia teatral completa e com ela veio o entremez, que nos interessa particularmente, pois marcou o início da carreira de Martins Pena, transformando-se em campo de pesquisa para o comediógrafo. O entremez (do latim *intermissus*, isto é, posto no meio) significa uma breve peça teatral, com personagens populares e tom gracioso, intercalada nas peças dramáticas. Nos programas muito extensos da época, entremezes e números musicais se tornaram imprescindíveis para arejar os espetáculos.

Se excluirmos os dramas escritos por Martins Pena[1], extraordinariamente medíocres, cheios de re-

1. *Fernando ou O cinto acusador*, 1837, *D. João de Lira ou O repto*, 1838, *Itaminda ou O guerreiro de Tupã*, 1838, refundido em 1846, *D. Leonor Teles*, 1839, e *Vitiza ou O Nero de Espanha*, 1840 ou 1841.

tórica empolada e inconsciência dos recursos cênicos, percebemos que suas três primeiras comédias, *O juiz de paz da roça*, *A família e a festa na roça* e *Um sertanejo na corte*, inacabada, traem a influência do entremez, com seus tipos de convenção (o velho, o galã, damas e graciosos), a construção frouxa, a improvisação, a chamada musical ao fim, usada como atrativo. Mas nessas primeiras peças já existe a observação acurada de tipos brasileiros, sem esquecer a violência do meio e das relações familiares e sociais. As relações entre as classes principais do Brasil colônia, que eram o escravo e o dono do escravo, são expostas de forma crua. Basta-nos observar Aninha, na primeira peça, pedindo ao pai o presente de "uma negrinha só para ela". Observamos também nesta peça a corrupção da justiça, tema sempre reiterado no teatro, e a mistura escandalosa do público com o privado. Se tudo isso é levado ao palco de forma ainda canhestra e experimental, por conta do descosido do entremez, já notamos abalos fortes em relação à generalidade e automatismo desse gênero.

Em seguida, a elaboração do enredo e o processo de teatralização se aperfeiçoam rapidamente e já observamos a construção elaborada de *Os dois ou O inglês maquinista*, peça situada numa encruzilhada de caminhos. Além de colocar no palco o problema do contrabando de escravos, expondo publicamente essa nódoa social, e fazer a peça girar ao redor de dois pólos importantes da economia brasileira – o contrabandista e o inglês espoliador – Martins Pena já esboça em vários momentos uma comédia de meios-tons, que poderia ser uma escolha para trabalhos futuros.

O diálogo abaixo, sempre citado, é uma prova da leveza de toque impossível de se encontrar no teatro palavroso da época.

Mariquinha: ...Primo?
Felício: Priminha?
Mariquinha: Aquilo?
Felício: Vai bem.
Cecília: O que é?
Mariquinha: Uma coisa. (cena X)

Ao mesmo tempo nesta peça acontecem as primeiras cenas de pancadaria, inspiradas principalmente no circo, tão importante na época que João Caetano pedia a proibição de espetáculos circenses em dias de representação teatral; em seguida, os espetáculos de rua, fossem trechos da *Commedia dell'Arte*, segundo depoimento de viajantes, fosse o teatro de bonecos, popular em todas as partes do mundo, referido pelo cronista dos *Folhetins*. Ao lado disso, em *Os dois* os progressos do autor são evidentes: já existe a concentração espacial, e não a mudança contínua de cenas como se tratasse de cinema, o que acontecia nas peças anteriores. Em vez disso, há o uso de recursos de aprofundamento e alargamento do palco, a preparação das cenas e a funcionalidade do espaço, onde tudo é utilizado, portas de entrada e saída, mobiliário etc. A partir da cena XVII, surge o primeiro esconderijo da obra de nosso autor, uma cortina. Pela primeira vez também, Martins Pena utiliza o cruzamento de enredos: o tema clássico (casal jovem em luta com os mais velhos pelo amor contrariado) e o melodrama, representado pelas emocionantes e jocosas cenas finais, em que o marido, julgado morto pela família, retorna da guerra.

As rubricas também já são precisas, dirigindo os atores com clareza e sublinhando a violência contra os escravos. A essa altura Martins Pena já se mostra seguro da ordem das cenas, "uma ordem que marcha", segundo os especialistas. Ela é necessária para produzir o ritmo da peça ao alternar cenas de conjunto com cenas isoladas para os confrontos necessários.

A peça foi censurada e discutida de modo inflamado na Câmara dos Deputados, inaugurando a série de trabalhos de Martins Pena com o mesmo destino.

Cinco peças foram escritas em 1844 e todas demonstram a perícia alcançada pelo autor. *O Judas em sábado de Aleluia* é uma obra-prima em apenas 12 cenas, com um manuscrito cheio de cortes e emendas, evidência do trabalho que exigiu do autor. A peça possui um movimento complexo e delirante, apesar da concentração absoluta do espaço. Seu achado fundamental é a dinamização do esconderijo, que se transforma na figura do próprio personagem, ao tomar o lugar de um boneco fantasiado de Judas a um canto da sala. A partir desse disfarce o protagonista age, puxa o vestido de uma jovem, mia como o gato, denuncia crimes de corrupção etc., confundindo os demais personagens. A festa popular também não se encontra num quadro separado, conforme acontecia nos primeiros trabalhos. Em vez disso, fornece à peça todos os requisitos da trama. O final é cômico e claro, seguindo as pegadas de Molière e da *Commedia dell'Arte*.

Os irmãos das almas, que tem como sonoplastia o contínuo e fúnebre dobrar dos sinos de Finados, significa um progresso em relação à anterior. Em primeiro lugar quanto às rubricas que já trazem indicações como "recomendo toda a atenção neste jogo de cena", em segundo lugar quanto à funcionalidade do disfarce: se em *Judas* a festa popular forneceu o "mascarado", nesta peça é a própria instituição da Igreja e a maçonaria que fornecem os "atores", com suas opas, à grande *mascarada* da sociedade brasileira, a quem o próprio Deus vira as costas.

> Deus não se ocupa com coisinhas tão pequeninas nem com indivíduos como eu. Lá com essas coisas de grande vulto, é outro caso. Um cometa /.../, um terremoto /.../ um temporal, que afunda navios, uma eleição, isso sim![2]

O protagonista é fraco, grotesco e irritante – quase roça o patético. "Tudo muito ordinário", diz a primeira rubrica, marcação apropriada à farsa, que tudo espatifa e tudo multiplica (são quatro irmãos das almas, quatro bacias etc.). Mas existem outros dados, o que faz a peça também ser outra coisa: esvaziamento do conflito amoroso, deslocado para a luta pelo controle familiar, e o reforço do tema (três pares em idades diferentes e em diferentes fases do relacionamento amoroso) que desliza para a crítica às instituições brasileiras.

O diletante é uma paródia competente da ópera *Norma*, trançando e destrançando os fios da farsa e

---

2. Cf. *Manuscrito A* de "Os irmãos das almas", in Martins Pena, *Comédias*, ed. crítica de Darcy Damasceno. Rio de Janeiro, MEC/INL, 1956.

da tragédia lírica, e duplicando papéis. Corte e sertão são confrontados, com ênfase para a falsa cultura dos pedantes (Merenciana denuncia que José Antônio, o maníaco pela ópera, ainda há um mês só gostava da viola), acrescentando-se a isso o dano familiar causado pelo vilão Gaudêncio, que passa despercebido, pois José Antônio só conhece a tragédia na ópera e não na realidade.

A peça seguinte, *Os três médicos*, reflete um assunto candente na época – a briga de homeopatas, alopatas e hidropatas – e reforça a dívida de Martins Pena com Molière, manipulando de forma competente numerosos fios no enredo. Paradoxalmente, contudo, a peça oferece um resultado um pouco mecânico, com reduplicações excessivas (três médicos, três protetores, três amantes, dois planos mirabolantes, duas cartas, duas mortes, sendo uma fingida, outra verdadeira etc.). Mas a fragilidade da peça depende menos da competência – a essa altura Martins Pena dominava completamente o ofício – do que da impaciência quanto aos aspectos meramente mecânicos da trama, semelhante ao que acontece nos desfechos das comédias shakespearianas. A observação é de Bárbara Heliodora[3]: "O que Martins Pena queria colocar em cena, a ridícula rivalidade do homeopata, do alopata e do hidropata, já estava definido, realizado, completo, e portanto não fazia mal que o final da obra fosse um tanto arbitrário..."

Acrescentamos que o desfecho não deixa de constituir um grande achado cômico, pois o final fe-

---

3. Bárbara Heliodora, "A evolução de Martins Pena", em *Dyonisos*, X, ano 13. Rio de Janeiro, MEC/INL, 1966.

liz é conseguido, não pelo saber, mas pela incompetência médica, que, em vez de salvar, mata o doente (sabe-se então ser ele o vilão).

A última peça de 1844, *O namorador ou A noite de S. João*, é das mais bem urdidas e das mais cuidadosamente trabalhadas por Martins Pena, conjugando também três fios: o enredo amoroso, a farsa rústica portuguesa, com palavras chulas e pancadaria, e a linha da farsa propriamente dita, focalizando o velho amoroso, João Félix, em suas investidas sexuais em relação a Maria, que possui também outros admiradores.

No entanto a peça desmancha com extrema habilidade a qualidade dos próprios fios que urde. Em primeiro lugar, não se trata de uma peça de amor, pois não há cenas amorosas entre os casais. Martins Pena parece interessado em desenvolver uma dialética amorosa observada em suas diferentes fases, entre velhos e moços, ricos e pobres, envolvendo sexo, amor etc.

Observe-se o seguinte diálogo:

> *Luís*: Não a amo mais porque há já três meses que ela me ama.
> *Clementina*: Boa razão! Não a ama porque ela ainda o ama!

Temos de convir que essa dialética amorosa comumente surge em peças mais desenvolvidas; aqui entretanto ela é discutida, e de forma competente, numa peça de apenas um ato. Ao mesmo tempo, esses aspectos pretendem ser submetidos à prova da realidade, pois tais relações verdadeiras ou pretensamente amorosas se dão a partir do jogo dos diferentes estratos sociais, sublinhando-se o rancor dos pobres contra os ricos, o que abala certa arbitrariedade da farsa. Na cena VI, um personagem explorado lastima-se: "Oh! Quem me dera viver sem trabalhar. Cresce-me água à boca quando vejo um rico. São os felizes..."

As relações examinadas abrem um leque de lugares sociais: elas se dão entre pessoas da mesma condição econômica, ou entre velhos casados e ricos, entre serviçais, entre patrão, moço ou velho, com empregadas, entre moço rico e vários tipos de mulher: velha, moça, bonita, feia, branca, cabocla ou escrava, e assim por diante. Ao mesmo tempo, de maneira magistral, todos os fios da trama são amarrados nos elementos encontrados numa noite de S. João, como a fogueira metaforizada no "fogo do amor", com a escuridão ao redor, facilitando os qüiproquós do gênero, as "pistolas de lágrimas", marcando os infortúnios pessoais e sociais dos personagens etc.

O ano de 1845 nos apresenta oito peças, embora *As casadas solteiras* seja mera tradução de uma peça francesa[4]. *O noviço*, em três atos, obteve a classificação de "a melhor comédia de Martins Pena", certamente pelo enraizado preconceito contra trabalhos de curta extensão. Sem anular as qualidades da peça, percebemos que, nela, Martins Pena multiplica por três os recursos das peças de um só ato, nas quais era *expert*.

De *O usurário* só nos resta o primeiro ato, excepcional, de um projeto de peça de três atos, en-

4. Cf. *Les trois dimanches*, dos irmãos Cogniard e Jules Cordier, no acervo da Biblioteca Nacional do Rio de Janeiro.

quanto em *O cigano* não é difícil perceber o tom hesitante e artificial. Talvez Martins Pena tenha querido repetir a proeza atingida em *O namorador*, quando conseguiu equilibrar a farsa com elementos estranhos a ela, mas agora falha na mesma tentativa. É evidente seu desejo de fazer uma crítica ácida à sociedade do tempo, mas não encontrou a passagem, sempre estreita, entre reflexão e clima farsesco. O efeito geral é fraco e confuso.

Usando alguns procedimentos da peça anterior, *Os meirinhos* encontra o ponto de equilíbrio, abandonando os recursos comuns de pancadaria e esconderijos. A cena é cuidadosamente marcada, com seu cenário desdobrado, e a conjunção de comédia e melodrama mais uma vez retrata eticamente o Brasil ao descrever os meirinhos, representantes da justiça, como bêbados, jogadores e mulherengos.

Retomando recursos de *Os meirinhos*, como o desdobramento do palco e o entrelaçamento de comédia e melodrama, *O caixeiro da taverna* aprofunda o jogo cômico, que se transforma num cálculo de probabilidades a partir de uma espécie de querela de aparências: a verdade/mentira dos personagens, três triângulos amorosos (falsos) desequilibrados a todo instante pelo único par verdadeiro, mas escondido (o casamento oculto de Manuel e Deolinda) –, tudo sustentado pelo tom que descobrimos em *O namorador*, isto é, o desejo de enriquecer dos pobres. Mas existe um acréscimo. Este personagem oprimido já sabe que o trabalho honesto a nada conduz (confiram-se protestos de Francisco, derrotado artesão brasileiro). Além disso, e antecipando a loucura do Pedestre, Manuel enlouquece ao ser despedido: "Caixeiro, sempre caixeiro! Oh, afastem-se de mim, que estou louco, desesperado, furibundo! Para longe! Serei sempre caixeiro, caixeiro, caixeiro!" Etc.

Nos *Folhetins*, Martins Pena confessará enviesadamente o desejo de escrever a ópera-cômica brasileira. Podemos encarar *Quem casa, quer casa*, peça-provérbio que voltara à moda na época, como um ensaio para sua execução, pois é uma obra marcada segundo compassos, organizando-se como uma verdadeira farsa musical, com grande rapidez e alternância de cenas. A pretexto da gagueira de um personagem, que fala cantando, seus interlocutores o acompanham, segundo três ritmos: a polca, o miudinho e o "muquirão".

Embora criticada, *Quem casa, quer casa* talvez seja a peça mais funcional de Martins Pena, com perfeita unidade de ação, um só enredo, com sua proposição e demonstração, e a primeira cena perfeitamente acoplada à última. No aspecto crítico de uma certa concepção de arte e de prática religiosa, a peça retoma traços de *O diletante* e de *Os irmãos das almas*. Basta-nos conferir, quanto ao primeiro aspecto, a crítica à insuficiente formação musical do personagem, que confunde originalidade artística com acrobacia (Eduardo quer tocar a rabeca NO arco e não COM o arco – invenção, diz ele "que há de cobrir-me de glória e nomeada e levar meu nome à imortalidade" – cena XIII); quanto ao segundo aspecto, fundamental é o *solo* de Fabiana na cena V, criticando a carolice do marido.

As desgraças de uma criança, comédia de situação, apresenta duas novidades. A primeira é a presença da *criada ladina* da tradição clássica, na figura de Madalena, ama-de-leite branca – perdera um filho recém-nascido – que se aluga a patroas que "embirravam com amas pretas". Pobreza e necessidade, "criar filho alheio, para ao depois tomar-lhe amor e viver separados", investidas sexuais de patrões, racismo e as distorções causadas pela exploração são aspectos tematizados na obra.

Outro dado importante é a conexão entre estas *Desgraças* e *Punch and Judy*, ligada à *Commedia dell'Arte* e representada nas ruas do Rio de Janeiro, segundo testemunho de Thomas Ewbank[5]. O *Punch* inglês, no começo do século XIX representado diariamente nas ruas de Londres, é uma variante de *Pulcinella*, ou seja, Polichinelo, boneco da comédia popular desde o século XVI. A trama principal manteve-se a mesma: a enfiada de mortes sucessivas que Punch, criatura corcunda e nariguda, causa a seu bebê, a sua mulher, ao cão, ao médico, ao carrasco que ia executá-lo por todos esses crimes, e, finalmente, ao próprio Diabo.

Ora, é fácil ver similitudes desse enredo com *As desgraças de uma criança*, que se resumem em surras ou maldades com um bebê. Martins Pena não chega ao excesso de matar a criança, mas enfileira minuciosamente um rosário de crueldades infligidas pelo personagem-soldado à criança: embala o berço cada vez com mais força, grita muito, dá à criança água embebida num pano de chão, arremeda seu pranto, dá-lhe palmadas, oferece-lhe vinho no gargalo de uma garrafa, dá-lhe uma espora para brincar, o

---

5. Cf. Thomas Ewbank, *Vida no Brasil*. Trad. Jamil Almansur Haddad. São. Paulo, Edusp/Itatiaia, 1976, p. 255.

que acaba por ferir o bebê, e assim por diante. Mas a ameaça da morte ocorre atabalhoadamente ao final, quando o velho Abel atira o neto ao chão, caindo por cima dele. Fecha a peça o modelo de *O barbeiro de Sevilha*, evocado pela marcação. Abel, diz a rubrica, "fica estático como D. Bartolo".

Devo dizer que este resumo não esgota a complexidade das máscaras tradicionais manipuladas pelo autor neste trabalho – a criada ladina, o sacristão, o *senex*, o parzinho romântico, o soldado fanfarrão – que se misturam a tipos nacionais, funcionando a relação de classes no Brasil como uma espécie de cunha que sustenta a delicada armação do enredo.

Finalmente *Os ciúmes de um pedestre*, a última desse ano, foi a peça que maiores polêmicas causou na época, não só pela paródia jocosa do respeitado João Caetano, como por referências contextuais – tentativa de sedução de uma jovem por um homem conhecido no Rio de Janeiro e assassinato de um escravo cujo corpo fora encontrado em um saco. Portanto, em sua composição temos referências ao *fait-divers* da época ao lado de paródias de *Otelo* e de *Pedro-Sem*, representações melodramáticas muito famosas, rebaixadas sem cerimônias por nosso comediógrafo. As palavras do pedestre, oficial subalterno da polícia, à mulher queixosa ("Até agora tenho te tratado como um fidalgo, nada te tem faltado, a não ser a liberdade...") é o fulcro ao redor do qual giram as paródias. Embora haja malhas soltas nesta peça tão complexa, podemos concluir que sua intenção crítica ao melodrama e à máquina escravista é realizada com equilíbrio.

As peças de 1846 (cf. Cronologia) ficaram incompletas, mas de setembro a outubro do ano seguinte Martins Pena escreveu os *Folhetins* líricos, críticas das óperas que subiram ao palco no Rio de Janeiro, só interrompidas pela viagem sem retorno de nosso autor a Londres. Publicados em livro somente em 1965, os *Folhetins* contêm informações preciosas sobre a dramaturgia da época, ao mesmo tempo em que nos revela um autor profundamente conhecedor do palco e da ópera, com uma postura artística e política bastante clara, em certos aspectos avançados para a época.

Manipulando a tradição teatral a seu alcance, e limitado pelo acanhamento do meio, do qual aliás era consciente ("...se nós não estamos bem constituídos, a culpa não é minha", afirma em *O Judas em sábado de Aleluia*), Martins Pena reelaborou formalmente a comédia farsesca, pois transferiu a responsabilidade da ação cômica dos criados tradicionais para outros tipos de situações, fugindo ao mesmo tempo da comédia centrada no amor, o que era comum, à semelhança da Comédia Nova. Sua inovação mais importante, todavia, foi ter introduzido, na organização simétrica da comédia, a assimetria básica da figura do escravo. O lugar deste personagem cria realmente uma situação teatral nova, longe da tradição que o associava ao simples palhaço. Sua presença no palco funciona como uma espécie de elemento retardador em meio às cores e vertigens do jogo cômico.

A invenção, que não foi compreendida nem aproveitada pelos teatrólogos que se seguiram, é uma prova do talento do autor, pois dá conta da figuração do escravismo na sociedade brasileira, aproximando formação retórica de formação histórica. Com tudo isso, não deixa de ser curioso que raramente Martins Pena tenha sido representado por atores brasileiros em sua época, e sim por portugueses, o que não deixa de criar uma situação "um pouco estranha", conforme observa Décio de Almeida Prado[6].

Pouco a pouco a situação foi se transformando. Quando em 1898 Melo Morais publicou uma antologia de Martins Pena, causou impacto em Artur Azevedo, outro extraordinário homem de teatro, que afirmou: "É preciso que a atual geração brasileira percorra essas páginas, para ficar sabendo que o nosso país produziu um escritor dramático de grande originalidade, cujos trabalhos, longe de serem simples produtos de assimilação, revelam um talento criador, uma individualidade única."[7]

Não há como discordar dessas palavras. Mais tarde Artur Azevedo escolheu Martins Pena como patrono de sua cadeira na Academia Brasileira de Letras, de que foi um dos fundadores.

VILMA ARÊAS

---

6. Décio de Almeida Prado, *João Caetano*. São Paulo, Perspectiva, 1972, p. 124.

7. Apud Raimundo Magalhães Júnior, *Martins Pena e sua época*. São Paulo, LISA, 1971, p. 251.

Bibliografia de referência

ARÊAS, Vilma. *Na tapera de Santa Cruz*. São Paulo, Martins Fontes, 1987.

BEIGUELMAN, Paula. "Análise literária e investigação sociológica". In: *Viagem sentimental a D. Guidinha do Poço*. São Paulo, Editora Centro Universitário, 1966.

HELIODORA, Bárbara. "A evolução de Martins Pena". In: *Dyonisos*, X, ano 13. Rio de Janeiro, MEC/INL, 1966.

JÚNIOR, Raimundo de Magalhães. *Martins Pena e sua época*. São Paulo, LISA, 1971.

MAGALDI, Sábato. *Panorama do teatro brasileiro*. 2ª ed. Rio de Janeiro, MEC/Dac Funarte/INL/Serviço Nacional de Teatro, s/d.

MEYER, Marlyse. "O inglês nas *Comédias* de Martins Pena". In: *Pirineus, caiçaras...* 2ª ed. São Paulo, Editora da Unicamp, 1991.

PRADO, Décio de Almeida. *João Caetano*. São Paulo, Perspectiva, 1972.

———. *História concisa do teatro brasileiro*. São Paulo, Edusp/Imprensa Oficial, 1999.

CRONOLOGIA

1815. Nascimento no Rio de Janeiro, em 5 de novembro, filho do juiz João Martins Pena (natural de Minas Gerais) e de Francisca de Paula Julieta Pena (fluminense).

1816. Órfão de pai.

1822. Independência do Brasil. Martins Pena conta 7 anos de idade.

1825. Órfão de mãe. Passa a ser tutelado pelo avô e depois por um tio materno, ambos homens de comércio.

1827. Estréia de João Caetano no Teatro de Itaboraí, com *O Carpinteiro de Livônia*.

1831. Abdicação de D. Pedro I em 7 de abril. Martins Pena conta 16 anos incompletos; o episódio político é tema de seu conto de estréia na literatura, "Um episódio de 1831", publicado em 8 de abril de 1838 na revista *Gabinete de Leitura*.

1832. Matricula-se em março na Aula de comércio, encaminhado pelos tutores comerciantes. Termina o curso com brilho, mas não sente vocação pelo comércio.

1833. Data provável da escrita de *O juiz de paz da roça*, que teve três redações, com revisões, cópias e acrescentamento de cenas: 1833, 1837 e 1838.

1833-37. Provável período em que escreveu *Um sertanejo na corte*, nunca impressa e sem notícias de representação. Restou cópia incompleta.

1834. Sua irmã Carolina se casa com o alto funcionário de Alfândega, Joaquim Francisco Viana, que nesse mesmo ano se elege deputado geral pela Província do Rio de Janeiro pelo Partido Conservador, ao lado de Joaquim José Rodrigues Torres (futuro Visconde de Itaboraí) e de Paulino José Soares de Sousa (futuro Visconde do Uruguai).

1835. Inicia-se a revolução farroupilha no Rio Grande do Sul, citada nas primeiras comédias.

1835-37. *Fernando ou O cinto acusador*, drama jamais publicado ou representado na época.

1837. Plano e escrita de *Uma família roceira*, depois *A família e a festa da roça*.

1838. Certamente amparado pelo cunhado, Martins Pena se liberta da tutela do tio e ingressa na Escola Imperial de Belas-Artes, fundada por D. João VI. Segue os cursos dos professores franceses que ainda lecionavam no Brasil. Estuda pintura, estatuária e arquitetura, mas abandona essas cadeiras e passa a estudar música e canto, aperfeiçoando sua voz de tenor. Estuda inglês, francês e italiano, idiomas que chega a falar fluentemente. Aplicado na leitura dos clássicos.

Nomeado, em 17 de setembro, amanuense da Mesa do Consulado da corte, cargo em que permanece até 1843; a 4 de outubro é levada anonimamente à cena do Teatro Constitucional Fluminense (antigo Teatro de São Pedro de Alcântara), pela companhia de João Caetano, sua primeira comédia *O juiz da roça*, depois intitulada *O juiz de paz da roça*. Estela Sezefreda, mulher de João Caetano, faz o papel de Aninha. Em novembro a pecinha atravessa a baía e é levada no Teatro Niteroiense, com grande aplauso. No mesmo ano, escrita do drama *D. João de Lira*, nunca representado ou publicado. A esta mesma fase talvez pertença *Itaminda ou O guerreiro de Tupã*, revisado em 1846, segundo data em manuscrito autógrafo.

1839. Publica pequenas narrativas, como "A sorte grande", "Minhas aventuras numa viagem de ônibus", "O poder da música" e "Uma viagem na barca a vapor" no *Correio das Modas*, dos irmãos Eduardo e Henrique Laemmert, de cuja redação supõe-se que participou. Publica também traduções e adaptações de textos estrangeiros na mesma revista. Escrita do drama *D. Leonor Teles*, nunca publicado ou representado.

1840. Representação de *A família e a festa da roça*, já agora com o nome do autor, ainda em benefício de Estela Sezefreda. Apresenta-se pela primeira vez no Brasil uma companhia francesa que apresenta Molière no Teatro São Januário e é provável que Martins Pena tenha assistido às peças.

1840-41. Datas prováveis da escrita de *Vitiza ou O Nero de Espanha*, drama em verso. Não foi publicado.

1842. Data provável da escrita de *Os dois ou O inglês maquinista*, comédia representada em 1845.

1843. Martins Pena é nomeado amanuense da Secretaria de Estado dos Negócios Estrangeiros. Funda-se o Conservatório Dramático Brasileiro, encarregado de exercer a censura nos teatros públicos. Dois anos depois, pelo decreto 425, a censura é instituída, passando em 1897 ao encargo da polícia, pelo decreto 2558.

1844. Datas da composição de *O Judas em sábado de Aleluia*, *Os irmãos das almas*, *O diletante*, *Os três médicos* e *O namorador ou A noite de S. João*.

1845. Escrita de *O noviço*, comédia em três atos, *O cigano*, *O caixeiro da taverna*, *As casadas solteiras*, *Os meirinhos*, *Quem casa, quer casa*, *Os ciúmes de um pedestre ou O terrível capitão-do-mato* e *As desgraças de uma criança*.

1846. Escrita de *O usurário*, comédia em três atos, nunca representada ou publicada. O manuscrito é incompleto, o mesmo sucedendo com *O jogo de prendas*. Ao mesmo ano pertence o plano de uma comédia em três atos, *A barriga de meu tio*. Existe ainda o manuscrito de uma comédia e o de um drama sem títulos.

1846-47. Entre setembro de 1846 e outubro de 1847, publica folhetins sobre espetáculos líricos no *Jornal do Comércio*, republicados em 1965 no Rio de Janeiro com o título *Folhetins – a Semana Lírica*, pelo Ministério da Educação e Cultura/ Instituto Nacional do Livro. Nessas crônicas confessa o desejo de escrever a ópera-cômica brasileira. Embora nunca tenha se casado, talvez seja dessa época a filha (Julieta) que teve com uma atriz.

1847. Em outubro, Martins Pena embarca para Londres na galera *Amélie*. Deixa a filha aos cuidados da irmã e do cunhado.
Em agosto, é nomeado adido de 1ª classe à Legação Brasileira em Londres.

1848. Tendo piorado da tuberculose, em novembro volta ao Brasil; retorna a Portugal, falecendo em Lisboa, no Hotel de France, cais do Sodré, a 7 de dezembro do mesmo ano. Foi sepultado no Cemitério dos Prazeres da mesma cidade.

1850. Em 11 de dezembro, seus restos mortais foram exumados e remetidos ao Brasil, onde se encontram no Cemitério de S. João Batista. É patrono da cadeira nº 29 da Academia Brasileira de Letras, escolhido por Artur Azevedo.

1898. 7 de dezembro, comemoração do cinqüentenário de morte de Martins Pena, promovida por Artur Azevedo, a que compareceu Julieta Pena de Araújo Guimarães, filha do comediógrafo.

NOTA SOBRE A PRESENTE EDIÇÃO

Esta edição, em três volumes, reproduz, com mínimas alterações, todos os textos que foram incluídos no volume *Comédias*, de Martins Pena, edição crítica de Darcy Damasceno, com a colaboração de Maria Filgueiras (Rio de Janeiro, MEC/INL, 1956). Algumas formas de expressão oralizadas foram mantidas, seguidas do advérbio *sic*. A grafia foi atualizada e a pontuação original foi preservada.

COMÉDIAS
(1844-1845)

O NAMORADOR
OU
A NOITE DE S. JOÃO

Comédia em 1 ato

[1844]

PERSONAGENS

VICENTE, *velho*
CLARA, *mulher de Vicente*
CLEMENTINA, *sua filha*
RITINHA, *amiga de Clementina*
LUÍS, *primo de Clementina*
JÚLIO
MANUEL, *ilhéu, feitor*
MARIA, *ilhoa, sua mulher*
CONVIDADOS DE AMBOS OS SEXOS, MENINOS, NEGROS E MOLEQUES

A cena se passa em uma chácara no Engenho Velho, no ano de 1844.

ATO ÚNICO

(O teatro representa uma chácara. No fundo, a casa de vivenda com quatro janelas rasgadas e uma porta para a cena. A casa dentro estará iluminada, deixando ver pelas janelas várias pessoas dançando ao som de música, outras sentadas e alguns meninos atacando rodinhas. À esquerda, no primeiro plano, a casinha do feitor, a qual, sendo saliente sobre a cena, terá uma janela larga para frente do tablado e uma porta para o lado; debaixo da janela haverá um banco de relva. No canto que faz a casinha, um monte de palha; à direita, no mesmo plano da casinha, uma carroça. Defronte da porta da casa, uma fogueira ainda não acabada; mais para frente, o mastro de S. João, e dos lados deste, um pequeno fogo de artifício constando de duas rodas nas extremidades e de fogos de vista e coloridos, que serão atacados a seu tempo. A cena é alumiada pela lua, que se vê sobre a casa por entre árvores.)

(N.B.: Deve-se dar todo o espaço necessário para a distribuição da cena acima marcada, a fim de se

evitar a confusão e conservar a naturalidade do que se quer representar)

Cena I

RITINHA *com um copo com água na mão,*
e CLEMENTINA *com um ovo.*

RITINHA

Só nos falta esta adivinhação. Já plantamos o dente de alho, para vê-lo amanhã nascido; já saltamos três vezes por cima de um tição...

CLEMENTINA

E já nos escondemos detrás da porta, para ouvirmos pronunciar o nome daquele que virá a ser teu noivo.

RITINHA

Vamos à do ovo. (*Clementina quebra o ovo na beira do copo e deita a clara e gema dentro da água*)

CLEMENTINA

Agora dê cá, (*toma o copo*) e ponhamo-lo ao sereno.

RITINHA

Para quê? Explica-me esta, que eu não sei.

CLEMENTINA

Este ovo, exposto ao sereno dentro da água, vai tomar uma forma qualquer, por milagre de S. João.

Se aparecer como uma mortalha, é sinal que morreremos cedo; se tomar a figura de uma cama, é prova que nos havemos de casar este ano; e se se mostrar debaixo da forma de véu de freira, é certo agouro que viveremos sempre solteira. (*põe o copo sobre o banco de relva*)

RITINHA

O melhor é não indagarmos isso.

CLEMENTINA

Tens receio?

RITINHA

A esperança, quando mais não seja, alimenta. Se eu tivesse a certeza que nunca acharia um noivo, não sei o que faria.

CLEMENTINA

Pois eu tenho a certeza que o acharei.

RITINHA

Podes dizer isso, és bonita...

CLEMENTINA

Também o és.

RITINHA

Mas és rica, e eu não; e esta pequena diferença muda muito a questão. És filha única e teu pai possui esta bela chácara e outras muitas propriedades. Ali dentro estão alguns moços que porfiam em te agradar; está nas tuas mãos escolheres um para noivo. E eu posso dizer outro tanto?

CLEMENTINA

E por que não?

RITINHA

Tenho apenas um namorado.

CLEMENTINA

É o primo Luís?

RITINHA

É ele mesmo, mas confesso-te ingenuamente que não sei o que ele quer. Ora mostra-se muito apaixonado, ora não faz caso de mim e namora a outras moças mesmo à minha vista; às vezes passam-se dias e dias sem me aparecer...

CLEMENTINA

Pois que esperas tu do primo Luís, daquele doido que namora a torto e a direito a bonita e a feia, a moça e a velha?

RITINHA

(*suspirando*)

Ai, ai!

CLEMENTINA

O que admira-me é ver como tens conseguido tê-lo por namorado há quase três meses.

RITINHA

Bem esforços me tem custado.

CLEMENTINA

Eu te creio, porque ele diz que um namoro que dura mais de oito dias é maçada.

RITINHA

Tanto não poderás tu dizer dos teus, principalmente do Júlio.

CLEMENTINA

Queres que te diga uma coisa? O tal Sr. Júlio, com todos os seus excessos, já me vai aborrecendo sofrivelmente.

RITINHA

Oh, aborrecem-te os excessos?

CLEMENTINA

Quando está junto de mim tem um ar tão sentimental que faz dó ou riso.

RITINHA

É amor.

CLEMENTINA

Se é obrigado a responder-me, é titubeando e trêmulo; atrapalha-se, não sabe o que diz e também nunca acaba de dizer.

RITINHA

É amor.

CLEMENTINA

Os seus olhos não me deixam; acompanham-me por toda a parte. Não dou um passo, que não seja observada.

RITINHA

São provas de amor.

CLEMENTINA

E se eu falo com algum moço? Isso então!... Fica logo muito aflito, a mexer-se na cadeira, com o nariz muito comprido e com os olhos cheios de lágrimas. E se eu não lhe faço logo e logo a vontade, deixando de conversar com o moço, ei-lo que levanta-se arrebatadamente, pega no chapéu e sai desesperado pela porta afora como quem leva a firme tenção de nunca mais voltar. Mas qual! Daí a dois minutos está ele ao pé de mim.

RITINHA

Tudo isso é amor.

CLEMENTINA

É amor! É amor, sei, mas aborrece-me tanto amor. (*aqui aparece no fundo Júlio*)

RITINHA

Vê como são as coisas: Eu queixo-me do meu por ser indiferente; tu, do teu, por excessivo.

CLEMENTINA

É que os extremos se tocam. Não tens ouvido cantar aquele lundu: *Eu que sigo o meu bem?* Mas também o que é verdade é que eu às vezes muito de propósito o faço desesperar.

RITINHA

Isso é maldade. (*Clementina vê Júlio, que a este tempo está atrás dela*)

CLEMENTINA

(à parte, para Ritinha)

Olha! E ele comigo! Não te dizia que me acompanha por toda a parte?

RITINHA

(rindo-se)

Adeus. (*sai correndo*)

CLEMENTINA

(querendo retê-la)

Espera! (*quer segui-la*)

JÚLIO

(seguindo-a)

Um momento! (*Clementina volta-se para Júlio*)

CLEMENTINA

O que quer? (*caminha para frente*)

JÚLIO

Eu... (*fica enleado. Alguns momentos de silêncio*)

CLEMENTINA

(à parte)

E então?

JÚLIO

Eu... (*o mesmo jogo*)

CLEMENTINA

(à parte)

E ficamos nisto!

JÚLIO

Se me permitisse... (*mesmo jogo*)

CLEMENTINA

O senhor está tão ansiado. Tem alguma dor?

JÚLIO

Tenho sim, ingrata, mas é no coração.

CLEMENTINA

Ah, desembuchou?

JÚLIO

Supunha passar hoje uma noite alegre e divertida, e só encontrei tormentos e desenganos.

CLEMENTINA

Ah, encontrou desenganos, coitado! Então quem foi que teve a barbaridade de o desenganar?

JÚLIO

Uma cruel, que zomba de mim e de minha vida, que ainda será causa de algum desatino.

CLEMENTINA

Ora vejam só que crueldade!

JÚLIO

(*desesperado*)

Oh, isto assim não pode durar muito. (*com ternura, pegando-lhe na mão*) Clementina, por que hás de ser tão má comigo? Que te fiz eu para ser assim maltratado? Eu, que tanto bem te quero!

CLEMENTINA

Ontem despedimo-nos em paz. Quais são hoje as queixas?

JÚLIO

Teu primo Luís.

CLEMENTINA

Ainda ciúme?

JÚLIO

Ama-o, que ele me vingará. Não encontrarás outro coração como o meu.

CLEMENTINA

Acabou? Uma sua criada. Vou comer batatas.

JÚLIO

(*retendo-a*)

Oh, não, não!

CLEMENTINA

(*voltando*)

Com que então queria que eu estivesse toda a noite a olhar para o senhor, com a boca aberta, ham? Feito uma pateta! Que não conversasse mais com minhas amigas, que estivesse amuada em um canto da sala, eu defronte e vós à vista, assim em ar de dois touros que se querem investir? Sabe que mais? Isto já me vai aborrecendo.

JÚLIO

Perdoa-me.

CLEMENTINA

Por mais de uma vez já lhe tenho manifestado os sentimentos que me animam a seu respeito e dado prova da preferência em que eu o tenho. Quando um dia perguntou-me se eu queria ser sua mulher, respondi-lhe com franqueza que sim, mas que previa obstáculos da parte de meu pai.

JÚLIO

Tudo isto é verdade.

CLEMENTINA

E ajuntei mais: que esse temor, porém, não esfriasse o nosso amor, que paciência e tempo tudo conseguem, e que minha mãe era por nós. E ter-me-ia esquecido a esse ponto de minha posição e pejo, se não o amasse? (*aqui entra pela esquerda, por detrás da casinha do ilhéu, Luís, com uma carta de bichos acesa, pendurada de uma varinha. Corre para Clementina, gritando*)

LUÍS

Viva S. João! Viva S. João! (*Clementina foge*)

CLEMENTINA

Primo Luís, primo Luís! (*Luís vai atrás dela gritando sempre, até que ela sai pelo fundo*)

Cena II

Enquanto LUÍS *corre após* CLEMENTINA, JÚLIO *fica a olhar para ela.*

Júlio

E veio interromper-nos na melhor ocasião! Isto foi muito de propósito! Não é sem razão que eu desconfio dela; ama ao primo. (*neste tempo, Luís, que volta para cena, está junto dele*)

Luís

Ó Júlio, que bela patuscada, hem?

Júlio

(*à parte*)

Vem mangar comigo.

Luís

Não há melhor! Foguetes para atacar, música para dançar, e sobretudo moças para namorar. O tio João festeja o nome de seu santo com grandeza. Tu não tens foguete?

Júlio

(*com mau modo*)

Não.

Luís

Nem namorada?

Júlio

(*no mesmo*)

Não.

Luís

Ó alma de cântaro, marreco de gesso! Não tens namorada, quando aquela sala está cheia de meninas tão encantadoras? Não tens namorada? Então que vieste cá fazer?

JÚLIO

Obsequiar à pessoa que me convidou, portando-me com decência.

LUÍS

Como diabo entendes tu as coisas às avessas? Quando se convida para uma *soirée*, ou outra qualquer patuscada, rapazes solteiros, é para que eles namorem. Todos sabem que sem namoro as mais brilhantes reuniões esfriam e poucas horas duram. Sem namorar as moças ficam amuadas, as velhas dormem e os velhos roncam. Sem namoro, essa vivacidade que se nota nos olhares e gestos das meninas desaparece e morre, falta de alimento. Sem esse grande excitativo, o desejo de conquistar adormece no coração e leva a moleza ao corpo e o aborrecimento à alma. Tudo fica triste e sem sabor. Os pai e mãe de família cedo retiram-se com as filhas, porque não vêem possibilidade de pescarem noivos para elas onde não há namoro prometido. Mais três ou quatro contradanças e não se vêem esses casais solitários no meio de esplêndido baile, sentados nos cantinhos da sala, alheios a tudo o que se passa ao redor dela, e que tanto servem para divertimento de todos. Cessa a maledicência, desaparecem esses segredinhos que se dizem ao ouvido e que fazem corar. Numa palavra, tudo esfria, emudece, dorme! O namoro é a alma da vida, a existência necessária de todas as reuniões. É o centro ao redor do qual giram todas as afeições, intrigas, gentes e despesas. Por ele é que a menina se enfeita, que os rapazes se desafiam, e se endivida o homem. Por ele é que o pobre pai de família paga a ladroada conta das francesas. Enfim, é o motor universal, é o "fogo viste lingüiça" das sociedades. Por isso é que eu todas as vezes que sou convidado para algum baile ou patuscada como esta, namoro a torto e a direito, para obsequiar o dono da casa.

JÚLIO

Ah, é para obsequiar os donos das casas? Devem-te ficar muito agradecidos.

LUÍS

E que não fiquem pouco se me dá. Faço o meu dever. Tenho feito as moças lá dentro andarem numa dobradura, inclusive a minha bela priminha.

JÚLIO

(*travando-lhe do braço*)

Isto é uma traição!

LUÍS

Hem?

JÚLIO

É uma traição que cometes para comigo de quem te dizes amigo. Sabes muito bem, porque já te tenho dito, que eu amo a tua prima.

LUÍS

E o que tem isso? Tu namoras e eu também namoro; o caso não é novo – vê-se todos os dias isso.

JÚLIO

É preciso acabarmos com este gracejo. Não zombo.

LUÍS

Nem eu.

JÚLIO

Falo muito sério.

LUÍS

Que diabo de tom é esse?

JÚLIO

Faze por toda a parte este papel de namorador e de tolo, acompanha-te sempre dessa leviandade e ar gracejador por desprezo pelo homem sensato, que pouco se me dá disso; nenhum interesse tenho eu em corrigir-te...

LUÍS

O caso vai de pregação.

JÚLIO

Mas não lances um só olhar para Clementina, não lhe digas uma só palavra de galanteio ou sedução, porque então te haverás comigo e tarde te arrependerás.

LUÍS

Quem, eu?

JÚLIO

Sim, tu.

Luís

Isto é uma ameaça?

Júlio

É, sim.

Luís

Ah, a coisa chegou a esse ponto? Pois meu amigo, andou muito mal; os seus ciúmes o deitaram a perder.

Júlio

Isso veremos.

Luís

Até agora eu namorava a prima inocentemente e sem intenção, como faço com todas as moças que encontro; isto é um hábito em mim. Mas agora, já que se formaliza e ameaça-me, hei de lhe mostrar que não só namorarei a priminha de noite e de dia, como também casar-me-ei com ela.

Júlio
(*raivoso*)

Oh!

Luís

O que não tem podido fazer de mim o amor, fará o amor-próprio. Estou resolvido a casar-me.

Júlio
(*segurando-lhe na gola da casaca*)

Não me leves ao desespero! Desiste? (*aqui aparece no fundo Clara, que se encaminha para eles*)

LUÍS
(segurando na gola da casaca de Júlio)

Não quero! *(Júlio agarra com a outra mão na gola da casaca de Luís, que faz o mesmo, empurrando-se mutuamente)*

JÚLIO

Não me faça praticar uma ação que nos perderia a ambos.

LUÍS

Perdido já eu estou, porque me vou casar.

JÚLIO
(forcejando)

Insolente!

Cena III

CLARA *junto deles*

CLARA

Então, o que é isto? *(os dois surpreendem-se e apartam-se)*

LUÍS

Não é nada, minha tia, estávamos experimentando forças.

CLARA

Ora, deixemos agora disso. Venham dançar, que faltam pares. Venham.

Luís

Vamos, tiazinha. (*para Júlio*) Vou apertar o namoro. Viva S. João! (*sai dando vivas*)

Clara
(*rindo-se*)

É um doido este meu sobrinho. Venha, Sr. Júlio.

Júlio

Já vou, minha senhora. (*Clara sai*)

Cena IV

Júlio
(*só*)

Júlio

O que hei de eu fazer? Talvez fiz mal em levar as coisas a este extremo. Luís principia os namoros e os deixa com a mesma facilidade. Não me devia inquietar. Maldito ciúme! Estou em uma cruel perplexidade. Devo hoje mesmo declarar-me com o Sr. João Félix e pedir-lhe a filha. Vã esperança! Estou certo que ele não consentirá; não tenho fortuna. Meu Deus! (*sai vagaroso*)

Cena V

Enquanto Júlio *dirige-se para o fundo, entra pela direita baixa o ilhéu, seguido de quatro pretos, trazendo os dois primeiros lenha, o terceiro um cesto à cabeça, e o quarto um feixe de cana.*

Manuel

Paizinhos, vão acabar de fazer a fogueira. Levem primeiro vocês a cana e os carás à Senhora. (*Manuel fala como os ilhéus, isto é, cantando. Os negros da lenha vão acabar de fazer a fogueira; os outros dois saem pelo fundo. Manuel, só*) Cá no Brasil é como na minha terra; também se festeja a noite de S. João. Quem me dera no Tojal! Há dois anos que aqui estou trabalhando para ganhar dinheiro e para lá voltar. Oh, quem pudera viver sem trabalhar! Cresce-me água à boca, quando vejo um rico. São os felizes, que cá o homem anda de canga ao pescoço.

Cena VI

Entra Maria *com uma cesta à cabeça.*

Manuel

O que levas aí, Maria?

Maria

A roupa que estava no campo a secar.

Manuel

Pois ainda agora? Vem cá. (*Maria deixa a cesta à porta da casinha e caminha para Manuel*)

Maria

A senhora tomou-me o tempo e não deixou-me recolhê-la com dia. Andamos a arranjar a casa para a companhia.

MANUEL

E ela é que diverte com os seus, e nós trabalhamos.

MARIA

O que queres, Manuel? Somos pobres, que Deus assim nos fez.

MANUEL

E é do que me queixo. Todo o dia com a enxada na mão, e ainda em cima ter olhos nos paizinhos, que são piores que o diabo.

MARIA

Anda lá, não te queixes tanto, que lá no Tojal éramos mais desgraçados. Não sei como não morríamos de fome. Ganhavas seis vinténs por dia ao rabo da enxada, e cá o senhor te estima; pagou a nossa passagem.

MANUEL

Quisesse Deus que eu tivesse algum dinheirinho junto! Pagaria ao senhor o resto que lhe devo e ia comprar um burro e uma carroça para vender a *iágua*. O Zé voltou para S. Miguel com cinco mil cruzados que assim ganhou.

MARIA

Se puderas fazer isso, eu ficava com a senhora. Este vestido deu-me ela, e este xale também, e outros me dará ainda.

MANUEL

Pois se eu sair, sairás também, senão te desanco.

MARIA

Ai!

MANUEL

Pensas que eu não sei porque queres ficar?

MARIA

Ai, que me impacientas!

MANUEL

Bem vejo o senhor a te fazer roda como um peru.

MARIA

Esta besta! O senhor a fazer-me roda, tão velho como é? Ai, que me rio desta!

MANUEL

Vai-te rindo, bestinha, até que chores.

CLARA

(*da porta da casa*)

Maria?

MARIA

Adeus, que a senhora chama-me. Esta besta!

MANUEL

Anda com cuidado, que te tenho o olho em riba.

MARIA

Olha que cansarás a vista, animal.

Cena VII

MANUEL

(*só*)

Assim vive um homem de Deus a lavrar a terra e a vigiar a mulher. Forte ocupação, que o diabo leve! (*para os negros*) Anda paizinhos, acabem essa fogueira e vão arrumar o capim na carroça para ir para cidade. (*os dois negros saem*) Se o senhor continua a fazer festas a Maria, hei de dizer à senhora, que não é para brincos. (*sai. Logo que Manuel sai, chega do fundo João*)

Cena VIII

JOÃO

(*só*)

Agora que lá dentro estão todos entretidos, é boa ocasião de cercar minha bela ilhoazinha para dar-lhe um abraçozinho. Onde estará ela? (*chamando com cautela*) Maria, Maria? Tenho medo que minha mulher veja-me aqui. É velha, mas tem ciúmes como um mouro. Quem manda ser velha? Estará no quarto? (*vai espiar na casinha*) Maria? Nada. Lá dentro ainda dançam; estão divertidos e não darão por minha falta. Vou esconder-me no seu quarto e lá esperarei para surpreendê-la. Oh, que surpresa! Só assim, porque ela é arisca como o diabo. Dou-lhe um abraçozinho e depois safo-me na pontinha dos pés. Oh, que surpresa! Que contentamento! (*esfrega as mãos. Júlio, que a este tempo entra vindo do fundo, chama por ele; João, que está quase junto à porta, volta-se zangado*)

Cena IX

JÚLIO *e* JOÃO

JÚLIO

Sr. João Félix?

JOÃO
(*voltando-se*)

Quem é?

JÚLIO

Se quisesse ter a bondade de ouvir-me por alguns instantes com atenção...

JOÃO
(*impaciente*)

O que tens agora a dizer-me, homem? Vá dançar.

JÚLIO

Pensamentos muito sérios ocupam-me neste momento para eu poder dançar.

JOÃO

Então o que é?

JÚLIO

Desculpe a minha franqueza...

JOÃO

Avie-se, que tenho pressa.

JÚLIO

Eu amo sua filha.

João

E que tenho eu com isso?

Júlio

Mas é que eu a amo com adoração, como nunca se amou, e pretendia...

João

Vá dizer a ela que eu lhe ordeno que dance com o senhor uma contradança; ande, vá, vá! (*empurrando-o*)

Júlio

Não é por tão pequeno favor que eu ouso incomodá-lo.

João

(*à parte*)

Que impertinência! E eu a perder tempo e ocasião.

Júlio

Terei ânimo em falar, visto que o senhor não reprovou o meu amor.

João

Bem vejo que tens ânimo, mas pressa decerto que não tens. Pois é o que eu tenho.

Júlio

Serei breve. Concede-me a mão de sua filha?

João

Se é para dançar, já lhe dei.

Júlio

Não senhor, é para casar.

João

Para casar? Sempre pensei que o senhor tivesse mais juízo. Pois de noite, no meio do campo e a estas horas é que o senhor vem pedir minha filha, obrigando-me a estar aqui com a cabeça ao sereno? Já eu estou constipado. (*amarra um lenço na cabeça*)

Júlio

Só motivos imperiosos me obrigariam a dar este passo tão precipitado.

João

Precipitado ou não precipitado, não lhe dou minha filha! (*durante a continuação desta cena João passeia pela cena, dando voltas de um para outro lado; passa por trás da carroça, vai até o fundo, volta, etc., e Júlio o segue sempre falando*)

Júlio

Mas senhor, Vossa Senhoria não tem razão em responder-me deste modo. Eu decerto teria escolhido melhor ocasião; há porém acontecimentos que nos levam, mau grado nosso, a dar um passo que à primeira vista parece loucura. A causa deve ser indagada. E isto é o que Vossa Senhoria deveria fazer. Não se trata de um negócio de pouca monta. A minha proposição não deve ser assim recebida. Sei que a sua filha é um partido vantajoso ainda mesmo para um homem ambicioso, mas em mim não se dá essa idéia. Procuro os dotes morais de que é ornada, as virtudes que a fazem tão amável e encantadora. Conheço-a de perto, tenho tido a honra de freqüentar sua casa. Rogo a Vossa Senhoria que me dê um momento de atenção. Esse exercício violento pode-lhe fazer mal... Minha família é muito conhecida nesta cidade; não é rica, é verdade, mas nem sempre a riqueza constitui felicidade. Meu pai foi desembargador, e minha aliança com a filha de Vossa Senhoria não pode envergonhar. Sou negociante, ainda que principiante; posso ainda fazer grande fortuna e ouso dizer que a Sra. D. Clementina não me vê com indiferença...

JOÃO

(*voltando-se muito zangado para Júlio*)

Não lhe dou minha filha, não lhe dou, não lhe dou! E tenho dito.

JÚLIO

Atenda-me!

JOÃO

Onde viu o senhor dar-se caça a um pai de semelhante maneira?

JÚLIO

Desculpe-me, é o meu amor a causa de...

JOÃO

Homem, não me quebre mais a cabeça! Não quero, não quero e não quero, e vá-se com os diabos! Não só de minha presença, como de minha casa. Vá-se, vá-se! (*empurrando*)

Júlio
(*com altivez*)

Basta, senhor! Até agora recebia uma denegação e com paciência a sofri; mas agora é um insulto!

João

Seja lá o que quiser.

Júlio

E eu não me demorarei um só instante em sua casa.

João

Faz-me muito favor. (*Júlio sai arrebatado*)

Cena X

João, *só, e depois* Luís

João

E que tal lhe parece a impertinência? Irra! Casar-se com minha filha! Um pobre diabo que só vive do seu insignificante ordenado. Agora, ainda que fosse rico, e muito rico, não lha dava. (*João vai a entrar no quarto e aparece Luís no fundo, gritando*)

Luís

Tio João? Tio João?

João

Outro!

Luís
(*junto dele*)
Quero pedir-lhe um grande favor. Trata-se de minha prima.

João
(*à parte*)
Mas tu também? (*procura no chão uma pedra*)

Luís
Tenho hoje reparado com mais atenção na sua beleza e sabidas qualidades.

João
Não acho eu uma pedra?

Luís
Que procura, tio João? Não sei por que fatalidade tenho eu estado cego a tantas perfeições. (*João pega no copo que vê sobre o banco de relva*)

João
Se me dás mais uma palavra, arrumo-te com este copo pelas ventas.

Luís
Olhe que tem um ovo dentro!

João
Tenha o diabo! Salta, não me esquentes as orelhas!

Luís
Não o contrariemos, que ele tem veneta e me perderei. Está bem, tio. Até logo. (*sai*)

Cena XI

JOÃO *e depois* MANUEL

JOÃO
(*só*)

Ainda virá mais algum? (*João vai a entrar no quarto do ilhéu e este aparece do outro lado da cena. João, à parte*) Oh, diabo! (*disfarça o seu intento, fingindo perseguir na parede da casinha um inseto que lhe escapa*)

MANUEL
(*à parte*)

Ai, o que está o senhor a fazer? (*João continua no mesmo jogo*) A saltar? (*aproxima-se dele, que faz que o não vê*) Ah, senhor? (*João no mesmo jogo*) Senhor? (*pegando-lhe pelo braço*) O que apanha o senhor?

JOÃO
(*voltando*)

Quem é? Ah, é você, Sr. Manuel? Homem, estava atrás de uma lagartixa que subiu pela parede.

MANUEL

Ai, senhor, deixe viver o bichinho de Deus.

JOÃO

O que quer comigo?

MANUEL

Tinha um favor que pedir ao senhor, mas envergonho-me.

JOÃO

Pois um homem deste tamanho tem vergonha? Anda, diga o que quer, e depressa, que aqui está muito sereno.

MANUEL

Queria que o senhor me perdoasse os dois meses que faltam para acabar meu trato.

JOÃO

Nada, nada, não pode ser. Dei duzentos mil-réis pela sua passagem e pela de sua mulher, para que me pagassem com os seus trabalhos. Calculo-os a vinte mil-réis por mês. Já lá se vão oito; falta ainda dois para ficarmos justos de conta. Não os dispenso.

MANUEL

Mas senhor...

JOÃO

Quando acabar-se o tempo do seu trato, faremos novo ajuste. Não terei dúvida de dar-lhe mais alguma coisa. (*à parte*) A minha ilhoazinha não sai daqui.

MANUEL

Tenho trabalhado muito, e já o senhor devia estar contente comigo, e não olhar a tão pouca coisa.

JOÃO

Fale-me amanhã; agora não são horas. Vá arrumar capim na carroça que vai de madrugada para a cidade.

MANUEL

E se o meu trabalho...

JOÃO

(*empurrando-o*)

Já lhe disse que amanhã... (*Manuel sai. João, só*) Daqui não me sai ele. Virá ainda alguém? (*vai para entrar no quarto e chegam do fundo, correndo, quatro meninos com pistola e bicha na mão e chegam até à frente do tablado*)

MENINO

Vamos fazer uma fortaleza aqui. (*assenta-se no chão*) Juquinha, você faz outra lá. (*assentam-se todos*) Enterra as pistolas e as bichas. Eu sou o navio. Hei de fazer fogo, e você também. Ajunta a areia... Anda, vem-me ajudar. (*João, ao ver os meninos que chegam, quebra uma varinha de arbusto próximo, sai de trás da casinha e caminha para eles. Ao chegar junto, açoita-os com a vara. Os pequenos levantam-se, assustados e correm para dentro, gritando e chorando*)

JOÃO

(*gritando*)

Salta para dentro! (*voltando*) Até estes demoninhos vieram atrapalhar-me! Não me fio em crianças. É isto! Convida-se a certas senhoras para passarem a noite em uma casa e levam quantos filhos têm, desde o mais pequeno até o maior, para estragarem, quebrarem e pedincharem tudo quanto vêem e tocam. E importunar a todos os convidados! Deixar-me-ão desta vez entrar? (*vai para a casinha, entra e fecha a porta. Manuel, que nesse mesmo tempo aparece, o vê entrar no seu quarto*)

MANUEL

Entra no nosso quarto? Ai, o que me vale é estar a Maria lá dentro. Ele vai esperá-la... Ai! Pois são estas as lagartixas? Lagartixas! (*pega no cesto que está à porta do quarto e com ele atravessa de novo a cena, sempre correndo e sai pela direita. Assim que o ilhéu sai de cena, João abre a janela do quarto que dá para a cena e espreita por ela*)

JOÃO
(*à janela*)

Queira Deus que a minha ilhoazinha não tarde. O meu coraçãozinho está pulando de contente! Mas onde estará ela?

CLARA
(*do fundo*)

Ah, Sr. João? Sr. João? (*chamando*)

JOÃO

Oh diabo, lá está a carocha da minha mulher chamando-me. Se ela souber que estou aqui, mata-me. Ora, que culpa tenho? Calou-se. (*debruça-se na janela, espreitando*) Como tarda!...

Cena XII

JÚLIO *de capote e boné*, JOÃO *e depois* CLARA

Júlio

Devo ausentar-me desta casa onde fui insultado e para nunca mais voltar... Mas deixá-la? E o posso eu? Não, é preciso; nem mais um instante! E não posso desprender-me daqui! Fatal amor! Ela fica no meio dos prazeres, e eu... (*João chega à janela, observa Júlio, fazendo esforços para reconhecê-lo*)

João

Vejo um vulto. Não posso conhecer quem é. Deixei os meus óculos lá dentro. Parece-me que está de saia e lenço à cabeça... Saia escura! É ela, não tem dúvida; é a minha ilhoazinha. Psiu, psiu! (*chamando com precaução*)

Júlio

(*surpreendido*)

Quem me chama?

João

Psiu, psiu, vem cá!

Júlio

É dali da janela. (*vai-se chegando para a janela. Nesse momento acende-se defronte da porta da casa, no fundo, uma composição mítica de fogo colorido que alumie fortemente a cena. Ao clarão do fogo os dois se reconhecem*)

João

(*recuando para dentro*)

Ai!

JÚLIO

O Sr. João! (*chegando-se para a janela*) Que faz Vossa Senhoria no quarto da ilhoa?

JOÃO

(*um pouco de dentro*)

Nada, nada. Vim ver uns pintinhos que estavam no choco.

JÚLIO

Pintos no choco?

JOÃO

Sim, sim, pois nunca viu?

JÚLIO

Mas Vossa Senhoria... (*desata a rir e caminha um pouco para a frente da cena, rindo-se sempre*)

JOÃO

(*chegando à janela*)

Psiu, psiu! Venha cá; não ria-se tão alto!

JÚLIO

(*rindo-se*)

Qual pintos! É pela ilhoa.

JOÃO

Cale-se, pelo amor de Deus! Venha cá, venha cá.

JÚLIO

Enganou-se com o meu capote! (*ri-se*)

João

Ó homem, venha cá! Olhe que minha mulher pode vir.

Júlio

(*chegando*)

Pois Vossa Senhoria tem medo que a Sra. D. Clara o ache tirando pinto do choco?

João

Deixemos de graça e fale baixo.

Júlio

Então é certo, a ilhoa? Ah, ah, ah! Vou contar isto lá dentro. (*à parte*) Tu me pagarás.

João

Oh, não, meu amiguinho; minha mulher, se sabe que eu estou aqui, é capaz de arrancar-me os olhos.

Júlio

Há pouco era eu que rogava e Vossa Senhoria dizia não. Agora é Vossa Senhoria que roga, e eu também digo não. (*João debruça pela janela e consegue agarrar em Júlio*)

João

Escute. Não tome a coisa tão em grosso; não o quis ofender.

Júlio

Correr-me de sua casa!

João

Não há tal.

Júlio

Negar-me com insultos a mão de sua filha!

João

Não neguei.

Júlio

Não negou?

João

(*à parte*)

Diabo!

Júlio

Não negou, diz o senhor. Então concede-me?

João

Não digo isso, mas se...

Júlio

Ah! Sra. D. Clara, Sra. D. Clara?

João

(*querendo tapar-lhe a boca*)

Pelo amor de Deus!

Júlio

Vossa Senhoria não negou-me a mão de sua filha?

João

Seja razoável.

Júlio

Sra. D. Clara?

João

Cale-se, homem. Cale-se com todos os milhões de diabos!

Júlio

Nada. Quero que ela aqui venha para ver se pode explicar-me a razão por que Vossa Senhoria nega-me a mão de sua filha. Sra. D. Clara?

João

E eu já lhe disse que lha negava?

Júlio

Não? Então concede-ma?

João

Amanhã falaremos.

Clara

(*no fundo*)

Ah, sô João, sô João?

Júlio

Sua senhora aí vem.

João

Vá-se embora. (*abaixa e esconde-se*)

Júlio

(*para dentro do quarto*)

Concede-ma?

JOÃO
(*dentro*)

Concedo.

JÚLIO

Palavra de honra?

JOÃO
(*dentro*)

Palavra de honra. (*neste tempo Clara está no meio da cena*)

CLARA

Sô João? (*Júlio quer caminhar para sair pelo fundo*) Quem é?

JÚLIO

Sou eu, minha senhora.

CLARA

Ah, é o Sr. Júlio. Sabe-me dizer onde está o meu homem?

JÚLIO

Não, minha senhora.

CLARA

E esta? Há uma hora que sumiu-se lá de dentro e não aparece. (*durante este diálogo, vê-se, pela janela da casinha, João muito aflito*)

JÚLIO

Sem dúvida está dando algumas ordens lá por fora.

CLARA

Ordens a estas horas? Deixar as visitas na sala, e desaparecer!

JÚLIO

Não se inquiete, minha senhora.

CLARA

Tenho muita razão de me inquietar. Velho como é, não pára. Ah, Sr. João? Sô João?

JÚLIO

(*à parte*)

Em que talas não se vê ele! Está em meu poder. (*Júlio diz estas palavras enquanto Clara chama pelo marido; volta para sair pelo fundo, e em meio da cena encontra-se com Luís. Júlio, para Luís*) Ainda teima?

LUÍS

Ainda.

JÚLIO

Veremos.

LUÍS

Veremos. (*Júlio sai pelo fundo*)

Cena XIII

LUÍS *e* CLARA

LUÍS

Ó tiazinha!

CLARA

Quem é?

LUÍS

Tiazinha, tenho um favor que pedir-lhe...

CLARA

Viste teu tio?

LUÍS

Não senhora. É um favor pelo qual lhe ficarei eternamente agradecido. Sei que a ocasião não é das mais oportunas. Este passo parece imprudente...

CLARA

Que parece não; que é.

LUÍS

Por quê, tia?

CLARA

É falta de atenção.

LUÍS

Oh, a tia decerto está zombando. Se ainda não sabe...

CLARA

Sei, sei que ele está metido por aí, em algum lugar suspeito.

Luís

Como suspeito? De quem fala?

Clara

De teu tio.

Luís

Ora, não é dele que eu falo.

Clara

Pois então vai-te embora.

Luís

Escute, tia. A minha bela priminha...

Clara

Onde estará?

Luís

Lá dentro na alcova.

Clara

Lá dentro na alcova? E o que está fazendo?

Luís

Conversando com suas amigas.

Clara

Com suas amigas? Pois também tem amigas? Bravo!

Luís

Oh, que linguagem é esta! Pois não foi a tia quem as convidou?

CLARA

Fui sim, mas não sabia que as convidava para desinquietarem um homem casado.

LUÍS

Um homem casado?

CLARA

Um pai de família que se devia fazer respeitar pela sua idade.

LUÍS

Ai, que eu continuo a falar da prima, e ela do tio.

CLARA

Vou botá-las pela porta a fora.

LUÍS

Espere, tia, há engano entre nós. A tia fala do tio, e eu...

CLARA

E tenho muita razão de falar.

LUÍS

Não digo menos disso. O que eu pretendia dizer-lhe era...

CLARA

Já sei o que é. Quer desculpá-lo! Não vê que também é homem? Lá se entendem.

Luís

Continuamos no mesmo. Tia, atenda-me somente por alguns instantes, e depois eu lhe ajudarei a procurar o tio.

Clara

Pois fala depressa.

Luís

Todos conhecem-me por namorador. Uns dizem que isto em mim é sistema, outros, que é devido ao meu gênio folgazão e alegre. Seja o que for, estou resolvido a acabar com todos esses namoros e casar-me. A resolução é extrema e de botar a perder um homem, mas a sorte está lançada.

Clara
(*preocupada*)

Eu hei de indagar isto.

Luís

Pode indagar. Falo de boa-fé. E em quem poderia recair a minha escolha, senão na minha bela priminha?

Clara

Não posso consentir.

Luís

Não? E por que motivo?

Clara

Na sua idade?

LUÍS

Perdoe-me a tia; está em muito boa idade.

CLARA

Boa idade! Sessenta e cinco anos!

LUÍS

Adeus, tia, que não estou mais para jogar os disparates. (*vai para esquerda da cena e Clara vai para sair pelo fundo*)

CLARA

(*caminhando*)

Ah, Sr. João? Sr. João? Eu hei de dar com ele! (*vai-se pelo fundo*)

Cena XIV

LUÍS

(*só*)

LUÍS

Quando os ciúmes metem-se na cabeça de uma mulher é isto. E se é velha como esta... Mau agouro para mim. Ora, Sr. Luís, é então verdade que o senhor está resolvido a casar-se? Já se não lembra do que dizia do casamento e dos grandes inconvenientes que lhe achava? Quer deixar a sua bela vida de namorador? O que é isto? Que resolução foi a sua? Que dirá a Ritinha, a Joaninha, a viuvinha, a Joaquinhinha, a Emília, a Henriqueta, a Cocota, a Quitinha, a Lulu, a Leopoldina, a Deolinda e as outras namoradas? Responde, Sr. Luís. Os diabos me levem se eu sei responder. (*assenta-se no banco de relva. Ouve-se dentro de casa a voz de Júlio, que canta uma modinha, acompanhado por piano.* [*N.B.*:] *A modinha fica a escolha do autor. Logo que a tiver acabado de cantar, dão palmas. Tudo isto, porém, não interromperá a continuação das cenas*) Lá está cantando modinhas! Se estivesse como eu, não havia de ter vontade de cantar. Então? O caso não me tem feito impressão. (*aqui aparece no fundo, caminhando para a frente da cena, Clementina*) Ainda não sei o que farei. Creio que mesmo depois dos pregões corridos sou capaz de mandar tudo à tábua. Mas o meu capricho? Estou arranjado!

Cena XV

CLEMENTINA *e* LUÍS

CLEMENTINA
(*sem ver Luís*)

Estou com curiosidade de ver como estará o ovo... (*vai para ver o copo e Luís levanta-se*)

LUÍS

Priminha?

CLEMENTINA

Ai!

LUÍS

Não se assuste.

CLEMENTINA

Não gosto destes brinquedos. Que susto! Eu vinha ver o ovo.

LUÍS

Encontraste com um amante; é o mesmo. O amante é como o ovo, que muitas vezes gora.

CLEMENTINA

Fala de si? (*rindo-se*)

LUÍS

Antigamente assim fui, mas agora, priminha da minha alma, estou mudado. A noite de S. João fez um milagre. Ai, ai! (*suspira ruidosamente*)

CLEMENTINA

Bravo! Por quem é esse suspiro tão puxado?

LUÍS

(*caindo de joelhos*)

Por ti, minha priminha.

CLEMENTINA

(*desata a rir*)

Ah, ah! Por mim? Ó Ritinha?

LUÍS

Cala-te!

CLEMENTINA

Quero que ela venha ver isto e que caminho leva o seu amor.

LUÍS

Mas há já três meses que ela me ama!

CLEMENTINA

Boa razão! Não a ama porque ela ainda o ama. É isto?

LUÍS

Pois priminha, há três meses que ela me ama, e isto já é teima, e eu não me caso com mulher teimosa, isso nem pelo diabo.

CLEMENTINA

É teima? Quem te ensinara!

LUÍS

Amei-a como amei a Quitinha, etc.

CLEMENTINA

O que aí vai! E todas essas foram teimosas?

LUÍS

Umas mais, outras menos, mas tu, minha querida priminha...

CLEMENTINA

Oh, não se canse, que não sou teimosa; cedo desde já.

LUÍS

Contigo o caso é outro; hoje mesmo te principiei a amar, hoje mesmo nos casaremos e hoje mesmo...

CLEMENTINA

(*interrompendo-o*)

Ah, ah, ah! Ó Ritinha? Ritinha? (*Ritinha aparece e encaminha-se para eles. Traz na mão uma vara com uma rodinha acesa. Os negros acendem a fogueira*)

LUÍS

Também isto agora é teima!

CLEMENTINA

Vem cá.

RITINHA

O que é?

CLEMENTINA

Não te dizia que me admirava dos três meses?

RITINHA

Ah!

CLEMENTINA

Já te não ama, e chama-te de teimosa.

LUÍS

Priminha!

RITINHA

Já me não ama? (*Ritinha diz estas palavras dirigindo-se para Luís, que salta para evitar o fogo da rodinha que Ritinha dirige contra ele*)

Luís
(*saltando*)
Cuidado com o fogo!

Clementina
Fazia-me protestos de amor.

Ritinha
(*mesmo jogo*)
Ah, fazia protestos de amor?

Luís
Não me queime! (*o velho fecha a janela com receio, que o não vejam*)

Clementina
Disse que ardia por mim.

Luís
(*fugindo de Ritinha, que o persegue com a rodinha*)
Agora é que eu arderei, se me deitam fogo.

Ritinha
(*mesmo jogo*)
Assim é que me pagas!

Luís
Assim é que me pagas! (*fugindo sempre*)

Clementina
Fogo nele, para não ser bandoleiro! (*Ritinha segue mais de perto Luís, que foge e refugia-se em cima da carroça*) Assim, assim, Ritinha, ensina-o.

RITINHA

Desce cá para baixo!

LUÍS

Assim era eu asno!

CLEMENTINA

Ritinha, vá buscar lá dentro duas pistolas de lágrimas.

LUÍS

Nem pistola, nem espingarda, nem peças não me farão gostar de vocês. Agora não me caso nem à bala.

CLEMENTINA

E também, quem é que quer casar com você?

RITINHA

Eu não!

CLEMENTINA

Quem é que acredita nas palavras de um namora-paredes?

LUÍS

Muita gente!

CLEMENTINA

Estás desacreditado!

LUÍS

Na praça?

CLEMENTINA

Não, com todas as moças.

LUÍS

Melhor, mais gostarão de mim.

RITINHA

Isto não se pode aturar! Vamo-nos embora.

CLEMENTINA

Presunçoso! (*vai a sair pelo fundo*)

LUÍS

Adeus! Viva S. João! (*dentro respondem a gritos*)

Cena XVI

LUÍS, *só, de cima da carroça*

LUÍS

Fi-la bonita! Agora nem uma nem outra. Ainda bem! Mas o diabo é ficar o maroto do Júlio muito ufano com eu ter cedido. Histórias! Não cedo em outras coisas, que namorada pouco se me dá; acho cem por uma que deixo. Contudo estou zangado. Maldita noite de S. João!

Cena XVII

MARIA *vem do fundo da cena e vai a entrar na casinha.*

Luís
(*saltando da carroça*)

Psiu, psiu!

Maria
(*parando*)

Quem é?

Luís
(*chegando-se para ela*)

Escuta uma coisa.

Maria

Ai! O senhor que quer comigo?

Luís

Desde o dia que principiaram a chegar a esta terra carregamentos de colonos, como antigamente chegavam carregamentos de cebolas, ainda cá não apareceu uma ilhoazinha com esses olhos matadores, com esses beicinhos rosados.

Maria

Ai, o senhor está a mangar comigo.

Luís

As mais que eu por aí vejo são feias como uma lacraia e vermelhas como a crista do galo; mas tu és a nata das ilhoas. (*quer abraçá-la*)

Maria

Chegue-se para lá, que vou contar a meu marido. (*quer sair, Luís a retém*)

Luís

Espera. É pena que estejas casada com teu marido.

Maria

Ai, pois eu podia estar casada com um homem que não fosse meu marido?

Luís

Pois não.

Maria

Está zombando? (*neste tempo a fogueira está de todo acesa e todas as pessoas que estão na casa saem e ficam ao redor da fogueira,* ad libitum)

Luís

Sentemo-nos neste banco, que te explicarei como pode isto ser. Aqui nos podem ver lá de cima com o clarão da fogueira.

Maria

Estou com curiosidade.

Luís

(*à parte*)

Isto sei eu. (*assentam-se no banco*) Supõe que nunca tenhas visto teu marido... Que mãozinhas! (*pega-lhes nas mãos*)

Maria

Largue minha mão!

Luís

Nem encontrado com ele... Que olhinhos!

MARIA

Deixe meus olhos!

LUÍS

Ora, se nunca o tivesse visto nem encontrado, está claro que agora não estarias casada com o teu marido.

MARIA

Ora vejam! E é verdade!

LUÍS

Não terias dado essa mão, (*pega-lhe na mão*) que tanto estimo... (*aqui atravessa a cena Manuel, vestido de mulher, e entra no seu quarto*)

MANUEL

(*atravessando a cena*)

Custou-me o arranjar-me...

MARIA

O senhor tem um modo de explicar as coisas que entram pelos olhos... De sorte que se eu não tivesse encontrado a Manuel, não estava hoje casada?

LUÍS

Decerto.

MARIA

Sabe o senhor quando eu o vi? Foi numa festa que se deu no Funchal. (*Manuel, depois de entrar no quarto, fecha a porta e fica dentro do quarto, defronte da janela. Chega-se para ele, como vindo do interior, João, que supondo ser a Maria, o abraça*)

João

Minha ilhoazinha, minha Mariquinha! (*dá abraços e beijos, que Manuel corresponde*)

Maria

Hem?

Luís

Não disse nada. Continua. (*continua a ter a mão dela na sua*)

Maria

Eu ia para a festa. Ai, agora é que me lembro que se não fosse a festa também não estava casada!

Luís

(*dando-lhe um abraço*)

Maldita festa!

Maria

Fique quieto! Veja como o diabo as arma.

Luís

É verdade! (*Manuel e João, que ouvem as vozes dos dois, chegam-se para a janela, e dando com os dois no banco abaixo, ficam observando, dando sinais de grande surpresa*)

Maria

Estive quase não indo à festa, e se não fosse o meu vestido novo... Ai, senhor, e se não fosse o vestido novo, eu também não estava casada.

Luís
(*abraçando*)

Maldito vestido!

Maria

Foi minha tia que mo deu. Ai, que se eu também não tivesse tia, não era agora mulher de meu marido. (*Manuel debruça-se pela janela e a agarra no pescoço*)

Manuel

Maldita mulher! (*Maria dá um grito e levanta-se; o mesmo faz Luís. Maria, conhecendo o marido, deita a correr, atravessando a cena. Manuel salta pela janela e a persegue, gritando. Saem ambos da cena*)

Luís
(*vendo Manuel saltar*)

Que diabo é isto? (*reconhecendo João, que fica à janela*) O tio João!

João

Cala-te! (*esconde-se*)

Luís
(*rindo-se*)

No quarto da ilhoa! (*acodem todos, isto é, Clara, Clementina, Ritinha, Júlio e os convidados*)

Cena XVIII

Clara

O que é? Que gritos são estes?

CLEMENTINA
(*ao mesmo tempo*)
O que aconteceu?

RITINHA
(*ao mesmo tempo*)
O que foi? (*Luís ri-se*)

CLARA
O que é isto, Luís? Fala. (*Luís continua a rir-se*)

CLEMENTINA
De que se ri tanto o primo?

CLARA
Não falarás?

LUÍS
Quer que eu fale? Ah, ah, ah!

CLARA
E esta?

CLEMENTINA
Eu ouvi a voz da Maria.

Cena XIX

Entra MARIA *adiante de* MANUEL, *gemendo.* MANUEL *conserva-se vestido de mulher.*

RITINHA
Aí vem ela.

CLARA

A gemer. Que foi?

MANUEL

(*que traz um pau na mão*)

Anda! (*Maria vem gemendo, assenta-se no banco debaixo da janela*)

CLARA

Ai, o Manuel vestido de mulher! Que mascarada é esta?

CLEMENTINA

Como está feio!

CLARA

Mas o que é isto? Por que gemes?

MARIA

Ai, ai, ai! Minhas costas...

MANUEL

É uma sem-vergonha!

CLARA

(*para Manuel*)

O que fez ela?

MARIA

(*gemendo*)

Minha costela... minha cabeça...

MANUEL

O que fez? Um desaforo! Mas eu lhe ensinei com este pau.

CLARA

Deste-lhe com o pau?

CLEMENTINA

Pobre Maria!

MARIA

Ai, ai, ai! Minhas pernas...

CLARA

(*para Manuel*)

Mas por quê?

MANUEL

Estava a desencaminhar-se com o Sr. Luís.

CLARA

Com meu sobrinho?

CLEMENTINA

(*ao mesmo tempo*)

Com o primo?

RITINHA

(*ao mesmo tempo*)

Com ele?

JÚLIO

(*ao mesmo tempo*)

É bom saber!

LUÍS

Não há tal, tia. Este diabo está bêbado! Não vê como está vestido?

MANUEL

Olhe, senhora, que não estou bêbado. Eu bem vi, com estes olhos que a terra há de comer, o senhor dar abraços na Maria.

CLARA

Ai, que indecência!

CLEMENTINA

Que vergonha! Namorando uma ilhoa!

RITINHA

Que humilhação!

JÚLIO

De que se admiram, minhas senhoras? É esse o costume do Sr. Luís. Tudo lhe faz conta – a velha, a moça, a bonita, a feia, a branca, a cabocla...

CLEMENTINA

Que horror!

RITINHA

(*ao mesmo tempo*)

Que horror! (*alguns convidados riem-se*)

LUÍS

Psiu! Alto lá, Sr. Júlio, cá ninguém o chamou!

JÚLIO

E o melhor é, minhas senhoras, que ele nutre grandes esperanças de casar-se com uma das senhoras desta roda.

TODAS AS SENHORAS

Comigo não!

LUÍS

(chegando-se para Júlio)

Já estás cantando vitória?

JÚLIO

(para as senhoras)

Vejam o que faz a presunção!

LUÍS

Ainda é cedo, meu menino! Pensa que eu cedo com essa facilidade? (*aqui João sai do quarto do ilhéu, pé ante pé, para não ser visto, e encaminha-se para o fundo*)

JÚLIO

Cederás, que te digo eu!

LUÍS

Deveras? (*zombando. Volta para trás e vê João, que se retira para o fundo*) Ó tio João? Tio João? Venha cá! (*vai buscá-lo e trá-lo para frente*)

CLARA

Ai, onde estava este homem metido?

CLEMENTINA

O que quererá ele fazer?

JÚLIO

O que pretenderá?

Luís

Tio?

Clara

(*interrompendo e puxando João pelo braço*)

Onde estavas?

Luís

(*puxando-o pelo braço*)

Espere, tio, deixe que eu...

Clara

(*mesmo jogo*)

Quero que me diga o que fez estas duas horas.

Luís

(*mesmo jogo*)

Logo perguntará por isso, que agora tenho eu que lhe falar.

Clara

(*mesmo jogo*)

Nada; primeiro há de me dizer onde esteve escondido. Isto se faz? Eu a procurá-lo...

Luís

(*mesmo jogo*)

Dê-me atenção!

Clara

(*mesmo jogo*)

Responda!

LUÍS
(*mesmo jogo*)

Deixe-o!

CLARA
(*mesmo jogo*)

Deixa-o tu também!

LUÍS
(*metendo-se entre Clara e João*)

Ora tia, que impertinência é essa? Tem tempo de fazer-lhe perguntas e ralhar como quiser. (*enquanto Luís fala com Clara, Júlio segura João pelo braço*)

JÚLIO

Lembre-se da sua promessa!

LUÍS
(*puxando João pelo braço e falando-lhe à parte*)

Eu bem vi onde estava... No quarto da ilhoa.

JÚLIO
(*mesmo jogo*)

Espero que não falte; quando não, digo tudo à Senhora D. Clara.

LUÍS
(*mesmo jogo*)

Se não consentir no que eu lhe quero pedir, descubro tudo à tia.

CLARA

O que quer isto dizer?

Júlio
(*mesmo jogo, mas falando alto*)
Dá-me a sua filha por esposa?

Luís
(*mesmo jogo*)
Concede-me a mão da prima?

Júlio
(*mesmo jogo, à parte*)
Olhe que eu falo...

Luís
(*mesmo jogo*)
Se ma não der, conto tudo...

Júlio
(*mesmo jogo, alto*)
Então?

Luís
(*mesmo jogo*)
O que resolve?

Júlio *e* Luís
(*mesmo jogo*)
Sim ou não?

João
Casem-se ambos, e deixem-me!

Clementina, Ritinha, Júlio, Luís
Ambos?

CLARA

(*puxando por João*)

Que histórias são essas?

MANUEL

(*mesmo jogo*)

Pague-me o que deve!

LUÍS

(*mesmo jogo*)

Dê-me a prima!

JÚLIO

(*mesmo jogo*)

Assim falta à sua palavra?

MANUEL

(*mesmo jogo*)

O meu dinheiro?

JÚLIO

(*mesmo jogo*)

Falarei!

LUÍS

(*mesmo jogo*)

O que decide? (*todos quatro rodeiam João, que assenta-se no chão e mergulha a cabeça, tapando-a com os braços*)

CLARA

Não o deixo enquanto não me disser onde esteve, o que fez. Se isto são modos!

Júlio

(*ao mesmo tempo*)

Vossa Senhoria prometeu-me. Se não quer que eu fale, cumpra a sua palavra.

Manuel

(*ao mesmo tempo*)

Quero me ir embora! Nem um instante mais aqui! Paga-me o que me deve.

Luís

Basta! Deixem-no! Levante-se, tio; aqui está a minha mão. (*João levanta-se*) Tranqüilize-se. (*à parte, para João*) Faça o que lhe eu mandar, que o salvarei. (*para Júlio*) Bem vê que eu ainda podia lutar, mas sou generoso; não quero. (*para João*) Tio, dê-lhe a mão da prima, (*ao ouvido*) que nos calaremos. (*João, sem dizer palavra, vai apressado para Clementina, leva-a para junto de Júlio, a quem a entrega, e os abençoa*)

Júlio

Ó felicidade!

Luís

Disto estou livre. (*para João*) Pague ao Sr. Manuel o que lhe deve. (*João mete a mão na algibeira do colete, tira um maço de bilhetes e entrega a Manuel*)

Manuel

É pouco. (*João dá-lhe mais dinheiro*) Agora sim, vou comprar uma carroça!

Luís

Agora dê um abraço na tia. (*João vai abraçar a Clara*)

Clara

Chegue-se para lá! Enquanto não me disser...

Luís

Anda, e diga à tia que estava lá fora no portão, ajustando com o italiano das fazendas dois vestidos de crepe bordado dos quais lhe queria fazer mimo.

Clara

Dois vestidos?

Luís

E riquíssimos!

Clara

Ai, vidinha, e eu estava desconfiando de ti! (*abraça-o*)

Luís

(*tomando a João à parte*)

Não se meta noutra. Deixe o namoro para os moços solteiros.

João

Estou castigado! E emendado!

Ritinha

(*que se tem aproximado de Luís*)

E nós?

LUÍS

(*fingindo que a não ouve*)

Viva S. João! Vamos ao fogo! (*Ritinha bate o pé de raiva. Acendem o fogo de artifício, e no meio de* Viva S. João! *e gritos de alegria desce o pano*)

O NOVIÇO

Comédia em 3 atos

[1845]

PERSONAGENS

AMBRÓSIO
FLORÊNCIA, *sua mulher*
EMÍLIA, *sua filha*
JUCA, *9 anos, dito*
CARLOS, *noviço da Ordem de S. Bento*
ROSA, *provinciana, primeira mulher de Ambrósio*
PADRE-MESTRE DOS NOVIÇOS
JORGE
JOSÉ, *criado*
1 MEIRINHO, *que fala*
2 DITOS, *que não falam*
SOLDADOS DE PERMANENTES, ETC., ETC.

A cena passa-se no Rio de Janeiro.

ATO PRIMEIRO

(*Sala ricamente adornada: mesa, consolos, mangas de vidro, jarras com flores, cortinas, etc., etc. No fundo, porta de saída, uma janela, etc., etc.*)

Cena I

AMBRÓSIO

(*só de calça preta e chambre*)

No mundo a fortuna é para quem sabe adquiri-la. Pintam-na cega... Que simplicidade! Cego é aquele que não tem inteligência para vê-la e a alcançar. Todo o homem pode ser rico, se atinar com o verdadeiro caminho da fortuna. Vontade forte, perseverança e pertinácia são poderosos auxiliares. Qual o homem que, resolvido a empregar todos os meios, não consegue enriquecer-se? Em mim se vê o exemplo. Há oito anos, era eu pobre e miserável, e hoje sou rico, e mais ainda serei. O como não importa; no bom resultado está o mérito... Mas um dia pode tudo mudar. Oh, que temo eu? Se em algum tempo tiver de responder pelos meus atos, o ouro justificar-me-á e serei limpo de culpa. As leis criminais fizeram-se para os pobres...

Cena II

Entra FLORÊNCIA *vestida de preto, como quem vai a festa.*

FLORÊNCIA
(*entrando*)
Ainda despido, Sr. Ambrósio?

AMBRÓSIO
É cedo (*vendo o relógio*) São nove horas, e o ofício de Ramos principia às dez e meia.

FLORÊNCIA
É preciso ir mais cedo para tomarmos lugar.

AMBRÓSIO
Para tudo há tempo. Ora dize-me, minha bela Florência...

FLORÊNCIA
O que, meu Ambrosinho?

AMBRÓSIO
O que pensa tua filha do nosso projeto?

FLORÊNCIA

O que pensa não sei eu, nem disso se me dá; quero eu – e basta. E é seu dever obedecer.

AMBRÓSIO

Assim é; estimo que tenhas caráter enérgico.

FLORÊNCIA

Energia tenho eu.

AMBRÓSIO

E atrativos, feiticeira...

FLORÊNCIA

Ai, amorzinho! (*à parte*) Que marido!

AMBRÓSIO

Escuta-me, Florência, e dá-me atenção. Crê que ponho todo o meu pensamento em fazer-te feliz...

FLORÊNCIA

Toda eu sou atenção.

AMBRÓSIO

Dois filhos te ficaram do teu primeiro matrimônio. Teu marido foi um digno homem e de muito juízo; deixou-te herdeira de avultado cabedal. Grande mérito é esse...

FLORÊNCIA

Pobre homem!

Ambrósio

Quando eu te vi pela primeira vez, não sabia que eras viúva rica. (*à parte*) Se o sabia! (*alto*) Amei-te por simpatia.

Florência

Sei disso, vidinha.

Ambrósio

E não foi o interesse que obrigou-me a casar contigo.

Florência

Foi o amor que nos uniu.

Ambrósio

Foi, foi, mas agora que me acho casado contigo, é de meu dever zelar essa fortuna que sempre desprezei.

Florência
(*à parte*)

Que marido!

Ambrósio
(*à parte*)

Que tola! (*alto*) Até o presente tens gozado desta fortuna em plena liberdade e a teu bel-prazer; mas daqui em diante, talvez assim não seja.

Florência

E por quê?

AMBRÓSIO

Tua filha está moça e em estado de casar-se. Casar-se-á, e terás um genro que exigirá a legítima de sua mulher, e desse dia principiarão as amofinações para ti, e intermináveis demandas. Bem sabes que ainda não fizestes inventário.

FLORÊNCIA

Não tenho tido tempo, e custa-me tanto aturar procuradores!

AMBRÓSIO

Teu filho também vai a crescer todos os dias e será preciso por fim dar-lhe a sua legítima... Novas demandas.

FLORÊNCIA

Não, não quero demandas.

AMBRÓSIO

É o que eu também digo; mas como preveni-las?

FLORÊNCIA

Faze o que entenderes, meu amorzinho.

AMBRÓSIO

Eu já te disse há mais de três meses o que era preciso fazermos para atalhar esse mal. Amas a tua filha, o que é muito natural, mas amas ainda mais a ti mesma...

FLORÊNCIA

O que também é muito natural...

AMBRÓSIO

Que dúvida! E eu julgo que podes conciliar esses dois pontos, fazendo Emília professar em um convento. Sim, que seja freira. Não terás nesse caso de dar legítima alguma, apenas um insignificante dote – e farás ação meritória.

FLORÊNCIA

Coitadinha! Sempre tenho pena dela; o convento é tão triste!

AMBRÓSIO

É essa compaixão mal-entendida! O que é este mundo? Um pélago de enganos e traições, um escolho em que naufragam a felicidade e as doces ilusões da vida. E o que é o convento? Porto de salvação e ventura, asilo da virtude, único abrigo da inocência e verdadeira felicidade... E deve uma mãe carinhosa hesitar na escolha entre o mundo e o convento?

FLORÊNCIA

Não, por certo...

AMBRÓSIO

A mocidade é inexperiente, não sabe o que lhe convém. Tua filha lamentar-se-á, chorará desesperada, não importa; obriga-a e dai tempo ao tempo. Depois que estiver no convento e acalmar-se esse primeiro fogo, abençoará o teu nome e, junto ao altar, no êxtase de sua tranqüilidade e verdadeira felicidade, rogará a Deus por ti. (*à parte*) E a legítima ficará em casa...

FLORÊNCIA

Tens razão, meu Ambrosinho, ela será freira.

AMBRÓSIO

A respeito de teu filho direi o mesmo. Tem ele nove anos e será prudente criarmo-lo desde já para frade.

FLORÊNCIA

Já ontem comprei-lhe o hábito com que andará vestido daqui em diante.

AMBRÓSIO

Assim não estranhará quando chegar à idade de entrar no convento; será frade feliz. (*à parte*) E a legítima também ficará em casa.

FLORÊNCIA

Que sacrifícios não farei eu para ventura dos meus filhos!

Cena III

Entra JUCA, *vestido de frade, com chapéu desabado, tocando um assobio.*

FLORÊNCIA

Anda cá, filhinho. Como estás galante com esse hábito!

AMBRÓSIO

Juquinha, gostas desta roupa?

Juca

Não, não me deixa correr, é preciso levantar assim... (*arregaça o hábito*)

Ambrósio

Logo te acostumarás.

Florência

Filhinho, hás de ser um fradinho muito bonito.

Juca

(*chorando*)

Não quero ser frade!

Florência

Então, o que é isso?

Juca

Hi, hi, hi... Não quero ser frade!

Florência

Menino!

Ambrósio

Pois não te darei o carrinho que te prometi, todo bordado de prata, com cavalos de ouro.

Juca

(*rindo-se*)

Onde está o carrinho?

Ambrósio

Já o encomendei; é coisa muito bonita: os arreios todos enfeitados de fitas e veludo.

Juca

Os cavalos são de ouro?

Ambrósio

Pois não, de ouro com os olhos de brilhantes.

Juca

E andam sozinhos?

Ambrósio

Se andam! De marcha e passo.

Juca

Andam, mamãe?

Florência

Correm, filhinho.

Juca

(*saltando de contente*)

Como é bonito! E o carrinho tem rodas, capim para os cavalos, uma moça bem enfeitada?

Ambrósio

Não lhe falta nada.

Juca

E quando vem?

Ambrósio

Assim que estiver pronto.

JUCA
(*saltando e cantando*)
Eu quero ser frade, eu quero ser frade... (*etc.*)

AMBRÓSIO
(*para Florência*)
Assim o iremos acostumando...

FLORÊNCIA
Coitadinho, é preciso comprar-lhe o carrinho!

AMBRÓSIO
(*rindo-se*)
Com cavalos de ouro?

FLORÊNCIA
Não.

AMBRÓSIO
Basta que se compre uma caixinha com soldados de chumbo.

JUCA
(*saltando pela sala*)
Eu quero ser frade!

FLORÊNCIA
Está bom, Juquinha, serás frade; mas não grites tanto. Vai lá para dentro.

JUCA
(*sai cantando*)
Eu quero ser frade... (*etc.*)

FLORÊNCIA

Estas crianças...

AMBRÓSIO

Este levaremos com facilidade... De pequenino se torce o pepino... Cuidado me dá o teu sobrinho Carlos.

FLORÊNCIA

Já vai para seis meses que ele entrou como noviço no convento.

AMBRÓSIO

E queira Deus que decorra o ano inteiro para professar, que só assim ficaremos tranqüilos.

FLORÊNCIA

E se fugir do convento?

AMBRÓSIO

Lá isso não temo eu... Está bem recomendado. É preciso empregarmos toda nossa autoridade para obrigá-lo a professar. O motivo, bem o sabes...

FLORÊNCIA

Mas olha que Carlos é da pele, é endiabrado.

AMBRÓSIO

Outros tenho eu domado... Vão sendo horas de sairmos, vou me vestir. (*sai pela esquerda*)

Cena IV

FLORÊNCIA

(*só*)

Se não fosse este homem com quem casei-me segunda vez, não teria agora quem zelasse com tanto desinteresse a minha fortuna. É uma bela pessoa... Rodeia-me de cuidados e carinhos. Ora, digam lá que uma mulher não deve casar-se segunda vez... Se eu soubesse que havia de ser sempre tão feliz, casar-me-ia cinqüenta.

Cena V

Entra EMÍLIA, *vestida de preto, como querendo atravessar a sala.*

FLORÊNCIA

Emília, vem cá.

EMÍLIA

Senhora?

FLORÊNCIA

Chega aqui. Ó menina, não deixarás este ar triste e lagrimoso em que andas?

EMÍLIA

Minha mãe, eu não estou triste. (*limpa os olhos com o lenço*)

FLORÊNCIA

Aí tem! Não digo? A chorar. De que chora?

EMÍLIA

De nada, não senhora.

FLORÊNCIA

Ora, isto é insuportável! Mata-se e amofina-se uma mãe extremosa para fazer a felicidade de sua filha, e como agradece esta? Arrepelando-se e chorando. Ora, sejam lá mãe e tenham filhos desobedientes...

EMÍLIA

Não sou desobediente. Far-lhe-ei a vontade; mas não posso deixar de chorar e sentir. (*aqui aparece à porta por onde saiu, Ambrósio, em mangas de camisa, para observar*)

FLORÊNCIA

E por que tanto chora a menina, por quê?

EMÍLIA

Minha mãe...

FLORÊNCIA

O que tem de mau a vida de freira?

EMÍLIA

Será muito boa, mas é que não tenho inclinação nenhuma para ela.

FLORÊNCIA

Inclinação, inclinação! O que quer dizer inclinação? Terás, sem dúvida, por algum francelho freqüentador de bailes e passeios, jogador do *écarté* e dançador de polca? Essas inclinações é que perdem a muitas meninas. Esta cabecinha ainda está muito leve; eu é que sei o que te convém: serás freira.

EMÍLIA

Serei freira, minha mãe, serei! Assim como estou certa que hei de ser desgraçada.

FLORÊNCIA

Histórias! Sabes tu o que é mundo? O mundo é... é... (*à parte*) Já não me recordo o que me disse o Sr. Ambrósio que era o mundo. (*alto*) O mundo é... um... é... (*à parte*) E esta? (*vendo Ambrósio junto da porta*) Ah, Ambrósio, dize aqui a esta estonteada o que é o mundo.

AMBRÓSIO
(*adiantando-se*)

O mundo é um pélago de enganos e traições, um escolho em que naufragam a felicidade e as doces ilusões da vida... E o convento é porto de salvação e ventura, único abrigo da inocência e da verdadeira felicidade... Onde está minha casaca?

FLORÊNCIA

Lá em cima no sótão. (*Ambrósio sai pela direita. Florência, para Emília*) Ouviste o que é o mundo, e o convento? Não sejas pateta, vem acabar de vestir-te, que são mais que horas. (*sai pela direita*)

Cena VI

EMÍLIA *e depois* CARLOS

EMÍLIA

É minha mãe, devo-lhe obediência, mas este homem, meu padrasto, como o detesto! Estou certa que foi ele quem persuadiu a minha mãe que me metesse no convento. Ser freira? Oh, não, não! E Carlos, que tanto amo? Pobre Carlos, também te perseguem! E por que nos perseguem assim? Não sei. Como tudo mudou nesta casa, depois que minha mãe casou-se com este homem! Então não pensou ela na felicidade de seus filhos. Ai, ai!

Cena VII

CARLOS, *com hábito de noviço, entra assustado e fecha a porta.*

EMÍLIA

(*assustando-se*)

Ah, quem é? Carlos!

CARLOS

Cala-te!

EMÍLIA

Meu Deus, o que tens, por que estás tão assustado? O que foi?

CARLOS

Onde está minha tia, e o teu padrasto?

EMÍLIA

Lá em cima. Mas o que tens?

Carlos

Fugi do convento, e aí vêm eles atrás de mim.

Emília

Fugiste? E por que motivo?

Carlos

Por que motivo? Pois faltam motivos para se fugir de um convento? O último foi o jejum em que vivo há sete dias... Vê como tenho esta barriga, vai a sumir-se. Desde sexta-feira passada que não mastigo pedaço que valha a pena.

Emília

Coitado!

Carlos

Hoje, já não podendo, questionei com o D. Abade. Palavras puxam palavras; dize tu, direi eu, e por fim de contas arrumei-lhe uma cabeçada, que o atirei por esses ares.

Emília

O que fizestes, louco?

Carlos

E que culpa tenho eu, se tenho a cabeça esquentada? Para que querem violentar minhas inclinações? Não nasci para frade, não tenho jeito nenhum para estar horas inteiras no coro a rezar com os braços encruzados. Não me vai o gosto para aí... Não posso jejuar: tenho, pelo menos três vezes ao dia, uma fome de todos os diabos. Militar é o que eu quisera ser; para aí chama-me a inclinação. Bordoadas, espadeiradas, rusgas é que me regalam; esse é o meu gênio. Gosto de teatro, e de lá ninguém vai ao teatro, à exceção de Frei Maurício, que freqüenta a platéia de casaca e cabeleira para esconder a coroa.

EMÍLIA

Pobre Carlos, como terás passado estes seis meses de noviciado!

CARLOS

Seis meses de martírio! Não que a vida de frade seja má; boa é ela para quem a sabe gozar e que para ela nasceu; mas eu, priminha, eu que tenho para a tal vidinha negação completa, não posso!

EMÍLIA

E os nossos parentes quando nos obrigam a seguir uma carreira para a qual não temos inclinação alguma, dizem que o tempo acostumar-nos-á.

CARLOS

O tempo acostumar! Eis aí por que vemos entre nós tantos absurdos e disparates. Este tem jeito para sapateiro: pois vá estudar medicina... Excelente médico! Aquele tem inclinação para cômico: pois não senhor, será político... Ora, ainda isso vá. Estoutro só tem jeito para caiador ou borrador: nada, é ofício que não presta... Seja diplomata, que borra tudo quanto faz. Aqueloutro chama-lhe toda a propensão para a ladroeira; manda o bom senso que se corrija o sujeitinho, mas isso não se faz: seja tesoureiro de repartição, fiscal, e lá se vão os cofres da nação à garra... Essoutro tem uma grande carga de preguiça e indolência e só serviria para leigo de convento, no entanto vemos o bom do mandrião empregado público, comendo com as mãos encruzadas sobre a pança o pingue ordenado da nação.

EMÍLIA

Tens muita razão; assim é.

CARLOS

Este nasceu para poeta ou escritor, com uma imaginação fogosa e independente, capaz de grandes coisas, mas não pode seguir a sua inclinação, porque poetas e escritores morrem de miséria, no Brasil... E assim o obriga a necessidade a ser o mais somenos amanuense em uma repartição pública e a copiar cinco horas por dia os mais soníferos papéis. O que acontece? Em breve matam-lhe a inteligência e fazem do homem pensante máquina estúpida, e assim se gasta uma vida! É preciso, é já tempo que alguém olhe para isso, e alguém que possa.

EMÍLIA

Quem pode nem sempre sabe o que se passa entre nós, para poder remediar; é preciso falar.

CARLOS

O respeito e a modéstia prendem muitas línguas, mas lá vem um dia que a voz da razão se faz ouvir, e tanto mais forte quanto mais comprimida.

EMÍLIA

Mas Carlos, hoje te estou desconhecendo...

CARLOS

A contradição em que vivo tem-me exasperado! E como queres tu que eu não fale quando vejo, aqui, um péssimo cirurgião que poderia ser bom alveitar; ali, um ignorante general que poderia ser excelente enfermeiro; acolá, um periodiqueiro que só serviria para arrieiro, tão desbocado e insolente é, etc., etc. Tudo está fora de seus eixos...

EMÍLIA

Mas que queres tu que se faça?

CARLOS

Que não se constranja ninguém, que se estudem os homens e que haja uma bem entendida e esclarecida proteção, e que, sobretudo, se despreze o patronato, que assenta o jumento nas bancas das academias e amarra o homem de talento à manjedoura. Eu, que quisera viver com uma espada à cinta e à frente do meu batalhão, conduzi-lo ao inimigo através da metralha, bradando: "Marcha... (*manobrando pela sala, entusiasmado*) Camaradas, coragem, calar baionetas! Marche, marche! Firmeza, avança! O inimigo fraqueia... (*seguindo Emília, que recua, espantada*) Avança!"

EMÍLIA

Primo, primo, que é isso? Fique quieto!

CARLOS

(*entusiasmado*)

"Avança, bravos companheiros, viva a Pátria! Viva!" – e voltar vitorioso, coberto de sangue e poeira... Em vez desta vida de agitação e glória, hei de ser frade, revestir-me de paciência e humildade, encomendar defuntos... (*cantando*) *Requiescat in pace... a porta inferi! amen...* O que seguirá disto? O ser eu péssimo frade, descrédito do convento e vergonha do hábito que visto. Falta-me a paciência.

EMÍLIA

Paciência, Carlos, preciso eu também ter, e muita. Minha mãe declarou-me positivamente que eu hei de ser freira.

CARLOS

Tu, freira? Também te perseguem?

EMÍLIA

E meu padrasto ameaça-me.

CARLOS

Emília, aos cinco anos estava eu órfão, e tua mãe, minha tia, foi nomeada por meu pai sua testamenteira e minha tutora. Contigo cresci nesta casa, e à amizade de criança seguiu-se inclinação mais forte... Eu te amei, Emília, e tu também me amaste.

EMÍLIA

Carlos!

CARLOS

Vivíamos felizes, esperando que um dia nos uniríamos. Nesses planos estávamos, quando apareceu este homem, não sei donde, e que soube a tal ponto iludir tua mãe, que a fez esquecer-se de seus filhos que tanto amava, de seus interesses e contrair segundas núpcias.

EMÍLIA

Desde então nossa vida tem sido tormentosa...

CARLOS

Obrigaram-me a ser noviço, e não contentes com isso, querem-te fazer freira. Emília, há muito tempo que eu observo este teu padrasto. E sabes qual tem sido o resultado das minhas observações?

EMÍLIA

Não.

CARLOS

Que ele é um rematadíssimo velhaco.

EMÍLIA

Oh, estás bem certo disso?

CARLOS

Certíssimo! Esta resolução que tomaram, de fazerem-te freira, confirma a minha opinião.

EMÍLIA

Explica-te.

CARLOS

Teu padrasto persuadia a minha tia que me obrigasse a ser frade para assim roubar-me, impunemente, a herança que meu pai deixou-me. Um frade não põe demandas...

EMÍLIA

É possível?

CARLOS

Ainda mais; querem que tu sejas freira para não te darem dote, se te casares.

EMÍLIA

Carlos, quem te disso isso? Minha mãe não é capaz!

CARLOS

Tua mãe vive iludida. Oh, que não possa eu desmascarar este tratante!...

EMÍLIA

Fala baixo!

Cena VIII

Entra JUCA.

JUCA

Mana, mamãe pergunta por você.

CARLOS

De hábito? Também ele? Ah!...

JUCA

(*correndo para Carlos*)

Primo Carlos!

CARLOS

(*tomando-o no colo*)

Juquinha! Então, prima, tenho ou não razão? Há ou não plano?

JUCA

Primo, você também é frade? Já lhe deram também um carrinho de prata com cavalos de ouro?

CARLOS

O que dizes?

JUCA

Mamãe disse que havia de me dar um muito dourado quando eu fosse frade. (*cantando*) Eu quero ser frade... (*etc., etc.*)

CARLOS

(*para Emília*)

Ainda duvidas? Vê como enganam esta inocente criança!

JUCA

Não enganam não, primo; os cavalos andam sozinhos.

CARLOS

(*para Emília*)

Então?

EMÍLIA

Meu Deus!

CARLOS

Deixa o caso por minha conta. Hei de fazer uma estralada de todos os diabos, verão...

EMÍLIA

Prudência!

CARLOS

Deixa-os comigo. Adeus, Juquinha, vai para dentro com tua irmã. (*bota-o no chão*)

JUCA

Vamos, mana. (*sai cantando*) Eu quero ser frade... (*Emília o segue*)

Cena IX

CARLOS
(*só*)

Hei de descobrir algum meio... Oh, se hei de! Hei de ensinar a este patife, que casou-se com minha tia para comer não só a sua fortuna, como a de seus filhos. Que belo padrasto!.. Mas por ora tratemos de mim; sem dúvida no convento anda tudo em polvorosa... Foi boa cabeçada! O D. Abade deu um salto de trampolim... (*batem à porta*) Batem? Mau! Serão eles? (*batem*) Espreitemos pelo buraco da fechadura. (*vai espreitar*) É uma mulher... (*abre a porta*)

Cena X

ROSA *e* CARLOS

ROSA

Dá licença?

CARLOS

Entre.

ROSA

(*entrando*)

Uma serva de Vossa Reverendíssima.

CARLOS

Com quem tenho o prazer de falar?

ROSA

Eu, Reverendíssimo Senhor, sou uma pobre mulher. Ai, estou muito cansada...

CARLOS

Pois sente-se, senhora. (*à parte*) Quem será?

ROSA

(*sentando-se*)

Eu chamo-me Rosa. Há uma hora que cheguei do Ceará no vapor *Paquete do Norte*.

CARLOS

Deixou aquilo por lá tranqüilo?

ROSA

Muito tranqüilo, Reverendíssimo. Houve apenas no mês passado vinte e cinco mortes.

Carlos

S. Brás! Vinte e cinco mortes! E chama a isso tranqüilidade?

Rosa

Se Vossa Reverendíssima soubesse o que por lá vai, não se admiraria. Mas, meu senhor, isto são coisas que nos não pertencem; deixe lá morrer quem morre, que ninguém se importa com isso. Vossa Reverendíssima é cá da casa?

Carlos

Sim senhora.

Rosa

Então é parente de meu homem?

Carlos

De seu homem?

Rosa

Sim senhor.

Carlos

E quem é seu homem?

Rosa

O Sr. Ambrósio Nunes.

Carlos

O Sr. Ambrósio Nunes!...

Rosa

Somos casados há oito anos.

CARLOS

A senhora é casada com o Sr. Ambrósio Nunes, e isto há oito anos?

ROSA

Sim senhor.

CARLOS

Sabe o que está dizendo?

ROSA

Essa é boa!

CARLOS

Está em seu perfeito juízo?

ROSA

O Reverendíssimo ofende-me...

CARLOS

Com a fortuna! Conte-me isso, conte-me – como se casou, quando, como, em que lugar?

ROSA

O lugar foi na igreja.

CARLOS

Está visto.

ROSA

Quando, já disse; há oito anos.

CARLOS

Mas onde?

Rosa
(*levanta-se*)

Eu digo a Vossa Reverendíssima. Sou filha do Ceará. Tinha eu meus quinze anos quando lá apareceu, vindo do Maranhão, o Sr. Ambrósio. Foi morar na nossa vizinhança. Vossa Reverendíssima bem sabe o que são vizinhanças... Eu o via todos os dias, ele também via-me; eu gostei, ele gostou e nos casamos.

Carlos

Isso foi anda mão, fia dedo... E tem documentos que provem o que diz?

Rosa

Sim senhor, trago comigo a certidão do vigário que nos casou, assinada pelas testemunhas, e pedi logo duas, por causa das dúvidas. Podia perder uma...

Carlos

Continue.

Rosa

Vivi dois anos com meu marido muito bem. Passado esse tempo, morreu minha mãe. O Sr. Ambrósio tomou conta de nossos bens, vendeu-os e partiu para Montevidéu a fim de empregar o dinheiro em um negócio, no qual, segundo dizia, havíamos de ganhar muito. Vai isto para seis anos, mas desde então, Reverendíssimo Senhor, não soube mais notícias dele.

Carlos

Oh!

Rosa

Escrevi-lhe sempre, mas nada de receber resposta. Muito chorei, porque pensei que ele havia morrido.

Carlos

A história vai interessando-me, continue.

Rosa

Eu já estava desenganada, quando um sujeito que foi aqui do Rio disse-me que meu marido ainda vivia e que habitava na Corte.

Carlos

E nada mais lhe disse?

Rosa

Vossa Reverendíssima vai espantar-se do que eu disser...

Carlos

Não me espanto, diga.

Rosa

O sujeito acrescentou que meu marido tinha-se casado com outra mulher.

Carlos

Ah, disse-lhe isso?

Rosa

E muito chorei eu, Reverendíssimo; mas depois pensei que era impossível, pois um homem pode lá casar-se tendo a mulher viva? Não é verdade, Reverendíssimo?

Carlos

A bigamia é um grande crime; o Código é muito claro.

Rosa

Mas na dúvida, tirei as certidões do meu casamento, parti para o Rio, e assim que desembarquei, indaguei onde ele morava. Ensinaram-me e venho eu mesma perguntar-lhe que histórias são essas de casamentos.

Carlos

Pobre mulher, Deus se compadeça de ti!

Rosa

Então é verdade?

Carlos

Filha, a resignação é uma grande virtude. Quer fiar-se em mim, seguir meus conselhos?

Rosa

Sim senhor, mas que tenho eu a temer? Meu marido está com efeito casado?

Carlos

Dê-me cá uma das certidões.

Rosa

Mas...

Carlos

Fia-se ou não em mim?

ROSA

Aqui está. (*dá-lhe uma das certidões*)

AMBRÓSIO

(*dentro*)

Desçam, desçam, que passam as horas.

CARLOS

Aí vem ele.

ROSA

Meu Deus!

CARLOS

Tomo-a debaixo da minha proteção. Venha cá; entre neste quarto.

ROSA

Mas Reverendíssimo...

CARLOS

Entre, entre, senão abandono-a. (*Rosa entra no quarto à esquerda e Carlos cerra a porta*)

Cena XI

CARLOS

(*só*)

Que ventura, ou antes, que patifaria! Que tal? Casado com duas mulheres! Oh, mas o Código é muito claro... Agora verás como se rouba e se obriga a ser frade...

Cena XII

Entra Ambrósio *de casaca, seguido de* Florência *e* Emília, *ambas de véu de renda preta sobre a cabeça.*

Ambrósio
(*entrando*)

Andem, andem! Irra, essas mulheres a vestiremse fazem perder a paciência!

Florência
(*entrando*)

Estamos prontas.

Ambrósio
(*vendo Carlos*)

Oh, que fazes aqui?

Carlos
(*principia a passear pela sala de um para outro lado*)

Não vê? Estou passeando; divirto-me.

Ambrósio

Como é lá isso?

Carlos
(*do mesmo modo*)

Não é da sua conta.

Florência

Carlos, que modos são esses?

CARLOS

Que modos são? São os meus.

EMÍLIA

(*à parte*)

Ele se perde!

FLORÊNCIA

Estás doido?

CARLOS

Doido estava alguém quando... Não me faça falar...

FLORÊNCIA

Hem?

AMBRÓSIO

Deixe-o comigo. (*para Carlos*) Por que saíste do convento?

CARLOS

Porque quis. Então não tenho vontade?

AMBRÓSIO

Isso veremos. Já para o convento!

CARLOS

(*rindo-se com força*)

Ah, ah, ah!

AMBRÓSIO

Ri-se?

FLORÊNCIA
(*ao mesmo tempo*)
Carlos!

EMÍLIA
Primo!

CARLOS
Ah, ah, ah!

AMBRÓSIO
(*enfurecido*)
Ainda uma vez, obedece-me, ou...

CARLOS
Que cara! Ah, ah! (*Ambrósio corre para cima de Carlos*)

FLORÊNCIA
(*metendo-se no meio*)
Ambrosinho!

AMBRÓSIO
Deixe-me ensinar a este malcriado...

CARLOS
Largue-o, tia, não tenha medo.

EMÍLIA
Carlos!

FLORÊNCIA
Sobrinho, o que é isso?

CARLOS

Está bom, não se amofinem tanto, voltarei para o convento.

AMBRÓSIO

Ah, já?

CARLOS

Já, sim senhor, quero mostrar a minha obediência.

AMBRÓSIO

E que não fosse...

CARLOS

Incorreria no seu desagrado? Forte desgraça!...

FLORÊNCIA

Principias?

CARLOS

Não senhora, quero dar uma prova de submissão ao senhor meu tio... É, meu tio, é... Casado com minha tia segunda vez... Quero dizer, minha tia é que se casou segunda vez.

AMBRÓSIO

(*assustando-se, à parte*)

O que diz ele?

CARLOS

(*que o observa*)

Não há dúvida...

Florência
(*para Emília*)

O que tem hoje este rapaz?

Carlos

Não é assim, senhor meu tio? Venha cá, faça-me o favor, senhor meu tio. (*travando-lhe do braço*)

Ambrósio

Tira as mãos.

Carlos

Ora, faça-me o favor, senhor meu tio, quero-lhe mostrar uma coisa; depois farei o que quiser. (*levando-o para a porta do quarto*)

Florência

O que é isto?

Ambrósio

Deixa-me!

Carlos

Um instante. (*retendo Ambrósio com uma mão, com a outra empurra a porta e aponta para dentro, dizendo*) Vê!

Ambrósio
(*afirmando a vista*)

Oh! (*volta para junto de Florência e de Emília, e as toma convulsivo pelo braço*) Vamos, vamos, são horas!

FLORÊNCIA

O que é?

AMBRÓSIO

(*forcejando por sair e levá-las consigo*)

Vamos, vamos!

FLORÊNCIA

Sem chapéu?

AMBRÓSIO

Vamos, vamos! (*sai, levando-as*)

CARLOS

Então, senhor meu tio? Já não quer que eu vá para o convento? (*depois que ele sai*) Senhor meu tio, senhor meu tio? (*vai à porta, gritando*)

Cena XIII

CARLOS, *só, e depois* ROSA

CARLOS

(*rindo-se*)

Ah, ah, ah, agora veremos, e me pagarás... E minha tia também há de pagá-lo, para não se casar na sua idade e ser tão assanhada. E o menino, que não se contentava com uma!...

ROSA

(*entrando*)

Então, Reverendíssimo?

CARLOS

Então?

ROSA

Eu vi meu marido um instante e fugiu. Ouvi vozes de mulheres...

CARLOS

Ah, ouviu? Muito estimo. E sabe de quem eram essas vozes?

ROSA

Eu tremo de adivinhar...

CARLOS

Pois adivinhe logo de uma assentada... Eram da mulher de seu marido.

ROSA

É então verdade? Pérfido, traidor! Ah, desgraçada! (*vai a cair desmaiada e Carlos a sustém nos braços*)

CARLOS

Desmaiada! Sra. D. Rosa? Fi-la bonita! Esta é mesmo de frade... Senhora, torne a si, deixe desses faniquitos! Olhe que aqui não há quem a socorra. Nada! E esta? Ó Juquinha? Juquinha? (*Juca entra, trazendo em uma mão um assobio de palha e tocando em outro*) Deixa esses assobios sobre a mesa e vai lá dentro buscar alguma coisa para esta moça cheirar.

JUCA

Mas o quê, primo?

Carlos

A primeira coisa que encontrares. (*Juca larga os assobios na mesa e sai correndo*) Isto está muito bonito! Um frade com uma moça desmaiada nos braços. Valha-me Santo Antônio! O que diriam, se assim me vissem? (*gritando-lhe ao ouvido*) Olá! – Nada.

Juca

(*entra montado a cavalo em um arco de pipa, trazendo um galheteiro*)

Vim a cavalo para chegar mais depressa. Está o que achei.

Carlos

Um galheteiro, menino?

Juca

Não achei mais nada.

Carlos

Está bom, dá cá o vinagre. (*toma o vinagre e o chega ao nariz de Rosa*) Não serve; está na mesma. Toma... Vejamos se o azeite faz mais efeito. Isto parece-me salada... Azeite e vinagre. Ainda está mal temperada; venha a pimenta da Índia. Agora creio que não falta nada. Pior é essa; a salada ainda não está boa! Ai, que não tem sal. Bravo, está temperada! Venha mais sal... Agora sim.

Rosa

(*tornando a si*)

Onde estou eu?

Carlos

Nos meus braços.

Rosa

(*afastando-se*)

Ah, Reverendíssimo!

Carlos

Não se assuste. (*para Juca*) Vai para dentro (*Juca sai*)

Rosa

Agora me recordo… Pérfido, ingrato!

Carlos

Não torne a desmaiar, que já não posso.

Rosa

Assim enganar-me! Não há leis, não há justiça?…

Carlos

Há tudo isso, e de sobra. O que não há é quem as execute. (*rumor na rua*)

Rosa

(*assustando-se*)

Ah!

Carlos

O que será isto? (*vai à janela*) Ah, com S. Pedro! (*à parte*) O mestre de noviços seguido de meirinhos que me procuram… Não escapo…

ROSA

O que é, Reverendíssimo? De que se assusta?

CARLOS

Não é nada. (*à parte*) Estou arranjado! (*chega à janela*) Estão indagando na vizinhança... O que farei?

ROSA

Mas o que é? O quê?

CARLOS

(*batendo na testa*)

Oh, só assim... (*para Rosa*) Sabe o que é isto?

ROSA

Diga.

CARLOS

É um poder de soldados e meirinhos que vem prendê-la por ordem de seu marido.

ROSA

Jesus! Salve-me, salve-me!

CARLOS

Hei de salvá-la; mas faça o que eu lhe disser.

ROSA

Estou pronta.

CARLOS

Os meirinhos entrarão aqui e hão de levar por força alguma coisa – esse é o seu costume. O que é preciso é enganá-los.

Rosa

E como?

Carlos

Vestindo a senhora o meu hábito, e eu o seu vestido.

Rosa

Oh!

Carlos

Levar-me-ão preso; terá a senhora tempo de fugir.

Rosa

Mas...

Carlos

Ta, ta, ta... Ande, deixe-me fazer uma obra de caridade; para isso é que somos frades. Entre para este quarto, dispa lá o seu vestido e mande-me, assim como a touca e xale. Ó Juca? Juca? (*empurrando Rosa*) Não se demore. (*entra Juca*) Juca, acompanha esta senhora e faze o que ela te mandar. Ande, senhora, com mil diabos! (*Rosa entra no quarto à esquerda, empurrada por Carlos*)

Cena XIV

Carlos
(*só*)

Bravo, esta é de mestre! (*chegando à janela*) Lá estão eles conversando com o vizinho do armarinho.

Não tardarão a dar com o rato na ratoeira, mas o rato é esperto e os logrará. Então, vem o vestido?

ROSA
(dentro)

Já vai.

CARLOS

Depressa! O que me vale é ser o mestre de noviços catacego e trazer óculos. Cairá na esparrela. *(gritando)* Vem ou não?

JUCA
(traz o vestido, touca e o xale)

Está.

CARLOS

Bom. *(despe o hábito)* Ora vá, senhor hábito. Bem se diz que o hábito não faz o monge. *(dá o hábito e o chapéu a Juca)* Toma, leva à moça. *(Juca sai)* Agora é que são elas... Isto é mangas? Diabo, por onde se enfia esta geringonça? Creio que é por aqui... Bravo, acertei. Belíssimo! Agora a touca. *(põe a touca)* Vamos ao xale... Estou guapo; creio que farei a minha parte de mulher excelentemente. *(batem na porta)* São eles. *(com voz de mulher)* Quem bate?

MESTRE
(dentro)

Um servo de Deus.

CARLOS
(com a mesma voz)

Pode entrar quem é.

Cena XV

CARLOS, MESTRE DOS NOVIÇOS *e três meirinhos*

MESTRE

Deus esteja nesta casa.

CARLOS

Humilde serva de Vossa Reverendíssima...

MESTRE

Minha senhora, terá a bondade de perdoar-me pelo incômodo que lhe damos, mas nosso dever...

CARLOS

Incômodos, Reverendíssimo Senhor?

MESTRE

Vossa Senhoria há de permitir que lhe pergunte se o noviço Carlos, que fugiu do convento...

CARLOS

Psiu, caluda!

MESTRE

Hem?

CARLOS

Está ali...

MESTRE

Quem?

CARLOS

O noviço...

MESTRE

Ah!

CARLOS

É preciso surpreendê-lo...

MESTRE

Estes senhores oficiais de justiça nos ajudarão.

CARLOS

Muito cuidado. Este meu sobrinho dá-me um trabalho...

MESTRE

Ah, a senhora é sua tia?

CARLOS

Uma sua criada.

MESTRE

Tenho muita satisfação.

CARLOS

Não percamos tempo. Fiquem os senhores aqui do lado da porta, muito calados; eu chamarei o sobrinho. Assim que ele sair, não lhe dêem tempo de fugir; lancem-se de improviso sobre ele e levem-no à força.

MESTRE

Muito bem.

CARLOS

Diga ele o que disser, grite como gritar, não façam caso, arrastem-no.

MESTRE

Vamos a isso.

CARLOS

Fiquem aqui. (*coloca-os junto à porta da esquerda*) Atenção. (*chamando para dentro*) Psiu! Psiu! Saia cá para fora, devagarinho! (*prevenção*)

Cena XVI

Os mesmos e ROSA *vestida de frade e chapéu na cabeça.*

ROSA

(*entrando*)

Já se foram? (*assim que ela aparece, o Mestre e os meirinhos se lançam sobre ela e procuram carregar até fora*)

MESTRE

Está preso. Há de ir. É inútil resistir. Assim não se foge... (*etc., etc.*)

ROSA

(*lutando sempre*)

Ai, ai, acudam-me! Deixem-me! Quem me socorre? (*etc.*)

Carlos

Levem-no, levem-no. (*algazarra de vozes; todos falam ao mesmo tempo, etc. Carlos, para aumentar o ruído, toma um assobio que está sobre a mesa e toca. Juca também entra nessa ocasião, etc. Execução*)

FIM DO PRIMEIRO ATO

ATO SEGUNDO

(*A mesma sala do primeiro ato.*)

Cena I

CARLOS, *ainda vestido de mulher, está sentado, e* JUCA, *à janela.*

CARLOS

Juca, toma sentido; assim que avistares teu padrasto lá no fim da rua, avisa-me.

JUCA

Sim, primo.

CARLOS

No que dará tudo isto? Qual será a sorte de minha tia? Que lição! Desanda tudo em muita pancadaria. E a outra, que foi para o convento?... Ah, ah, ah, agora é que me lembro dessa! Que confusão entre os frades, quando ela se der a conhecer! (*levantando-se*) Ah, ah, ah, parece-me que estou vendo o D. Abade horrorizado, o mestre de noviços limpando os óculos de boca aberta, Frei Maurício, o folgazão, a rir-se às gargalhadas, Frei Sinfrônio, o austero, levantando os olhos para o céu abismado, e os noviços todos fazendo roda, coçando o cachaço. Ah, que festa perco eu! Enquanto eu lá estive ninguém lembrou-se de dar-me semelhante divertimento. Estúpidos! Mas, o fim de tudo isto? O fim?...

JUCA
(*da janela*)

Primo, aí vem ele!

CARLOS

Já? (*chega à janela*) É verdade. E com que pressa! (*para Juca*) Vai tu para dentro. (*Juca sai*) E eu ainda deste modo, com este vestido... Se eu sei o que hei de fazer?... Sobe a escada...Dê no que der... (*entra no quarto onde esteve Rosa*)

Cena II

Entra AMBRÓSIO*; mostra no semblante alguma agitação.*

AMBRÓSIO

Lá as deixei no Carmo. Entretidas com o ofício, não darão falta de mim. É preciso, e quanto antes, que eu fale com esta mulher! É ela, não há dúvida... Mas como soube que eu aqui estava? Quem lhe disse? Quem a trouxe? Foi o diabo, para a minha perdição. Em um momento pode tudo mudar; não se perca tempo. (*chega à porta do quarto*) Senhora, queira ter a bondade de sair cá para fora.

Cena III

Entra Carlos, *cobrindo o rosto com um lenço.* Ambrósio *encaminha-se para o meio da sala, sem olhar para ele, e assim lhe fala.*

Ambrósio

Senhora, muito bem conheço as vossas intenções; porém previno-vos que muito vos enganastes.

Carlos
(*suspirando*)

Ai, ai!

Ambrósio

Há seis anos que vos deixei; tive para isso motivos muito poderosos...

Carlos
(*à parte*)

Que tratante!

Ambrósio

E o meu silêncio depois deste tempo devia ter-vos feito conhecer que nada mais existe de comum entre nós.

Carlos
(*fingindo que chora*)

Hi, hi, hi...

Ambrósio

O pranto não me comove. Jamais podemos viver juntos... Fomos casados, é verdade, mas que importa?

Carlos
(*no mesmo*)

Hi, hi, hi...

Ambrósio

Estou resolvido a viver separado de vós.

Carlos
(*à parte*)

E eu também...

Ambrósio

E para esse fim empreguei todos os meios, todos, entendeis-me? (*Carlos cai de joelhos aos pés de Ambrósio, e agarra-se às pernas dele, chorando*) Não valem súplicas. Hoje mesmo deixareis esta cidade; senão, serei capaz de um grande crime. O sangue não me aterra, e ai de quem me resiste! Levantai-vos e parti. (*Carlos puxa as pernas de Ambrósio, dá com ele no chão e levanta-se, rindo-se*) Ai!

Carlos

Ah, ah, ah!

Ambrósio
(levanta-se muito devagar, olhando muito admirado para Carlos, que se ri)
Carlos! Carlos!

Carlos
Senhor meu tio! Ah, ah, ah!

Ambrósio
Mas então o que é isto?

Carlos
Ah, ah, ah!

Ambrósio
Como te achas aqui assim vestido?

Carlos
Este vestido, senhor meu tio... Ah, ah!

Ambrósio
Maroto!

Carlos
Tenha-se lá! Olhe que eu chamo por ela.

Ambrósio
Ela quem, brejeiro?

Carlos
Sua primeira mulher.

Ambrósio
Minha primeira mulher? É falso.

CARLOS

É falso?

AMBRÓSIO

É.

CARLOS

E será também falsa esta certidão do vigário da freguesia de... (*olhando para a certidão*) Maranguape, no Ceará, em que se prova que o senhor meu tio recebeu-se... (*lendo*) em santo matrimônio, à face da Igreja, com D. Rosa Escolástica, filha de Antônio Lemos, etc., etc.? Sendo testemunhas, etc.

AMBRÓSIO

Dá-me esse papel!

CARLOS

Devagar...

AMBRÓSIO

Dá-me esse papel!

CARLOS

Ah, o senhor meu tio encrespa-se. Olhe que a tia não está em casa, e eu sou capaz de lhe fazer o mesmo que fiz ao D. Abade.

AMBRÓSIO

Onde está ela?

CARLOS

Em lugar que aparecerá quando eu ordenar.

AMBRÓSIO

Ainda está naquele quarto; não teve tempo de sair.

CARLOS

Pois vá ver. (*Ambrósio sai apressado*)

Cena IV

CARLOS

(*só*)

Procure bem. Deixa estar, meu espertalhão, que agora te hei de eu apertar a corda na garganta. Estais em meu poder; queres roubar-nos... (*gritando*) Procure bem; talvez esteja dentro das gavetinhas do espelho. Então? Não acha?

Cena V

O mesmo e AMBRÓSIO

AMBRÓSIO

(*entrando*)

Estou perdido!

CARLOS

Não achou?

AMBRÓSIO

O que será de mim?

CARLOS

Talvez se escondesse em algum buraquinho de rato.

AMBRÓSIO

(*caindo sentado*)

Estou perdido, perdido! Em um momento tudo se transtornou. Perdido para sempre!

CARLOS

Ainda não, porque eu posso salvá-lo.

AMBRÓSIO

Tu?

CARLOS

Eu, sim.

AMBRÓSIO

Carlinho!

CARLOS

Já?

AMBRÓSIO

Carlinho!

CARLOS

Ora vejam como está terno!

AMBRÓSIO

Por tua vida, salvai-me!

Carlos

Eu salvarei, mas debaixo de certas condições...

Ambrósio

E quais são elas?

Carlos

Nem eu nem o primo Juca queremos ser frades...

Ambrósio

Não serão.

Carlos

Quero casar-me com minha prima...

Ambrósio

Casarás.

Carlos

Quero a minha legítima...

Ambrósio

Terás a tua legítima.

Carlos

Muito bem.

Ambrósio

E tu me prometes que nada dirás à tua tia do que sabes?

Carlos

Quanto a isso pode estar certo. (*à parte*) Veremos...

Ambrósio

Agora dize-me, onde ela está?

Carlos

Não posso, o segredo não é meu.

Ambrósio

Mas dá-me sua palavra de honra que ela saiu desta casa?

Carlos

Já saiu, palavra de mulher honrada.

Ambrósio

E que nunca mais voltará?

Carlos

Nunca mais. (*à parte*) Isto é, se quiserem ficar com ela lá no convento, em meu lugar.

Ambrósio

Agora dá-me esse papel.

Carlos

Espera lá, o negócio não vai assim. Primeiro hão de cumprir-se as condições.

Ambrósio

Carlinho, dá-me esse papel!

Carlos

Não pode ser.

Ambrósio

Dá-mo, por quem és!

Carlos

Pior é a seca.

Ambrósio

Eis-me a teus pés. (*ajoelha-se; neste mesmo tempo aparece à porta Florência e Emília, as quais caminham para ele pé ante pé*)

Carlos

Isso é teima; levante-se!

Ambrósio

Não me levantarei enquanto mo não deres. Para que o queres tu? Farei tudo quanto quiseres, nada me custará para servir-te. Minha mulher fará tudo quanto ordenares; dispõe dela.

Florência

A senhora pode dispor de mim, pois não...

Ambrósio

Ah! (*levanta-se espavorido*)

Carlos

(*à parte*)

Temo-la!...

Florência

(*para Ambrósio*)

Que patifaria é essa? Em minha casa e às minhas barbas, aos pés de uma mulher! Muito bem!

AMBRÓSIO

Florência!

FLORÊNCIA

Um dardo que te parta! (*voltando-se para Carlos*) E quem é a senhora?

CARLOS

(*com a cara baixa*)

Sou uma desgraçada!

FLORÊNCIA

Ah, é uma desgraçada... Seduzindo um homem casado! Não sabe que... (*Carlos que encara com ela, que rapidamente tem suspendido a palavra e, como assombrada, principia a olhar para ele, que ri-se*) Carlos! Meu sobrinho!

EMÍLIA

O primo!

CARLOS

Sim, tiazinha; sim, priminha.

FLORÊNCIA

Que mascarada é essa?

CARLOS

É uma comédia que ensaiávamos para sábado de Aleluia.

FLORÊNCIA

Uma comédia?

AMBRÓSIO

Sim, era uma comédia, um divertimento, uma surpresa. Eu e o sobrinho arranjávamos isso... Bagatela, não é assim, Carlinho? Mas então vocês não ouviram o ofício até o fim? Quem pregou?

FLORÊNCIA

(*à parte*)

Isto não é natural... Aqui há coisa.

AMBRÓSIO

A nossa comédia era mesmo sobre isso.

FLORÊNCIA

O que está o senhor a dizer?

CARLOS

(*à parte*)

Perdeu a cabeça. (*para Florência*) Tia, basta que saiba que era uma comédia. E antes de principiar o ensaio o tio deu-me a sua palavra que eu não seria frade. Não é verdade, tio?

AMBRÓSIO

É verdade. O rapaz não tem inclinação, e para que obrigá-lo? Seria crueldade.

FLORÊNCIA

Ah!

CARLOS

E que a prima não seria também freira, e que se casaria comigo.

FLORÊNCIA

É verdade, Sr. Ambrósio?

AMBRÓSIO

Sim, para que constranger estas duas almas? Nasceram um para o outro; amam-se. É tão bonito ver um tão lindo par!

FLORÊNCIA

Mas, Sr. Ambrósio, e o mundo, que o senhor dizia que era um pélago, um sorvedouro e não sei o que mais?

AMBRÓSIO

Oh, então eu não sabia que estes dois pombinhos se amavam, mas agora que o sei, seria horrível barbaridade. Quando se fecham as portas de um convento sobre um homem, ou sobre uma mulher que leva dentro do peito uma paixão como ressentem estes dois inocentes, torna-se o convento abismo incomensurável de acerbos males, fonte perene de horríssonas desgraças, perdição do corpo e da alma; e o mundo, se nele ficassem, jardim ameno, suave encanto da vida, tranqüila paz da inocência, paraíso terrestre. E assim sendo, mulher, quererias tu que sacrificasse tua filha e teu sobrinho?

FLORÊNCIA

Oh, não, não.

CARLOS

(*à parte*)

Que grande patife!

Ambrósio

Tua filha, que faz parte de ti?

Florência

Não falemos mais nisso. O que fizeste está muito bem-feito.

Carlos

E em reconhecimento de tanta bondade, faço cessão de metade dos meus bens em favor do senhor meu tio e aqui lhe dou a escritura. (*dá-lhe a certidão de Rosa*)

Ambrósio

(*saltando para tomar a certidão*)

Caro sobrinho! (*abraça-o*) E eu, para mostrar o meu desinteresse, rasgo esta escritura. (*rasga, e à parte*) Respiro!

Florência

Homem generoso! (*abraça-o*)

Ambrósio

(*abraçando-a e à parte*)

Mulher toleirona!

Carlos

(*abraçando Emília*)

Isto vai de roda...

Emília

Primo!

Carlos

Priminha, seremos felizes!

Florência

Abençoada seja a hora em que eu te escolhi para meu esposo! Meus caros filhos, aprendei comigo a guiar-vos com prudência na vida. Dois anos estive viúva e não me faltaram pretendentes. Viúva rica... Ah, são vinte cães a um osso. Mas eu tive juízo e critério; soube distinguir o amante interesseiro do amante sincero. Meu coração falou por este homem honrado e probo.

Carlos

Acertadíssima escolha!

Florência

Chega-te para cá, Ambrosinho, não te envergonhes; mereces os elogios que te faço.

Ambrósio

(*à parte*)

Estou em brasas...

Carlos

Não se envergonhe, tio. Os elogios são merecidos. (*à parte*) Está em talas...

Florência

Ouves o que diz o sobrinho? Tens modéstia? É mais uma qualidade. Como sou feliz!

AMBRÓSIO

Acabemos com isso. Os elogios assim à queima roupa perturbam-me.

FLORÊNCIA

Se os mereces...

AMBRÓSIO

Embora.

CARLOS

Oh, o tio os merece, pois não. Olhe, tia, aposto eu que o tio Ambrósio em toda a sua vida só tem amado a tia...

AMBRÓSIO

Decerto! (*à parte*) Quer fazer-me alguma.

FLORÊNCIA

Ai, vida da minha alma!

AMBRÓSIO

(*à parte*)

O patife é muito capaz...

CARLOS

Mas nós, os homens, somos tão falsos – assim dizem as mulheres –, que não admira que o tio...

AMBRÓSIO

(*interrompendo-o*)

Carlos, tratemos da promessa que te fiz.

Carlos

É verdade; tratemos da promessa. (*à parte*) Tem medo, que se pela!

Ambrósio

Irei hoje mesmo ao convento falar ao D. Abade, e dir-lhe-ei que temos mudado de resolução a teu respeito. E de hoje a quinze dias, senhora, espero ver esta sala brilhantemente iluminada e cheia de alegres convidados para celebrarem o casamento de nosso sobrinho Carlos com minha cara enteada. (*aqui entra pelo fundo o mestre dos noviços, seguido dos meirinhos e permanentes, encaminhando-se para a frente do teatro*)

Carlos

Enquanto assim praticardes, tereis em mim um amigo.

Emília

Senhor, ainda que não possa explicar a razão de tão súbita mudança, aceito a felicidade que me propondes, sem raciocinar. Darei a minha mão a Carlos, não só para obedecer a minha mãe, como porque muito o amo.

Carlos

Cara priminha, quem será capaz agora de arrancar-me de teus braços?

Mestre

(*batendo-lhe no ombro*)

Estais preso. (*espanto dos que estão em cena*)

Cena VI

CARLOS

O que é lá isso? (*debatendo-se logo que o agarram*)

MESTRE

Levai-o.

CARLOS

Deixem-me!

FLORÊNCIA

Reverendíssimo, meu sobrinho...

MESTRE

Paciência, senhora. Levem-no.

CARLOS

(*debatendo-se*)

Larguem-me, com todos os diabos!

EMÍLIA

Primo!

MESTRE

Arrastem-no.

AMBRÓSIO

Mas, senhor...

MESTRE

Um instante... Para o convento, para o convento.

CARLOS

Minha tia, tio Ambrósio! (*sai arrastado. Emília cai sentada em uma cadeira; o Padre-Mestre fica em cena*)

Cena VII

AMBRÓSIO, MESTRE DOS NOVIÇOS, FLORÊNCIA *e* EMÍLIA

FLORÊNCIA

Mas senhor, isto é uma violência!

MESTRE

Paciência...

FLORÊNCIA

Paciência, paciência? Creio que tenho tido bastante. Ver assim arrastar meu sobrinho, como se fosse um criminoso?

AMBRÓSIO

Espera, Florência, ouçamos o Reverendíssimo. Foi, sem dúvida, por ordem do Sr. D. Abade que Vossa Reverendíssima veio prender nosso sobrinho?

MESTRE

Não tomara sobre mim tal trabalho, se não fora por expressa ordem do D. Abade, a quem devemos todos obediência. Vá ouvindo como esse moço zombou de seu mestre. Disse-me a tal senhora, pois tal a supunha eu... Ora, fácil foi enganar-me... Além de ter má vista, tenho muito pouca prática de senhoras...

AMBRÓSIO

Sabemos disso.

MESTRE

Disse-me a tal senhora que o noviço Carlos estava naquele quarto.

AMBRÓSIO

Naquele quarto?

MESTRE

Sim senhor, e ali mandou-nos esperar em silêncio. Chamou pelo noviço, e assim que ele saiu lançamo-nos sobre ele e à força o arrastamos para o convento.

AMBRÓSIO

(*assustado*)

Mas a quem, senhor, a quem?

MESTRE

A quem?

FLORÊNCIA

Que trapalhada é essa?

AMBRÓSIO

Depressa!

MESTRE

Cheguei ao convento, apresentei-me diante do D. Abade, com o noviço prisioneiro, e então... Ah!

AMBRÓSIO

Por Deus, mais depressa!

MESTRE

Ainda me coro de vergonha. Então conheci que tinha sido vilmente enganado.

AMBRÓSIO

Mas quem era o noviço preso?

MESTRE

Uma mulher vestida de frade.

FLORÊNCIA

Uma mulher?

AMBRÓSIO

(*à parte*)

É ela!

MESTRE

Que vergonha, que escândalo!

AMBRÓSIO

Mas onde está essa mulher? Para onde foi? O que disse? Onde está? Responda!

MESTRE

Tende paciência. Pintar-vos a confusão que por alguns instantes esteve o convento, é quase impossível. O D. Abade, ao conhecer que o noviço preso era uma mulher, pelos longos cabelos que ao tirar o chapéu lhe caíram sobre os ombros, deu um grito de horror. Toda a comunidade acorreu e grande foi então a confusão. Um gritava: Sacrilégio! Profanação! Outro ria-se; este interrogava; aquele respondia ao acaso... Em menos de dois segundos a notícia percorreu todo o convento, mas alterada e aumentada. No refeitório dizia-se que o diabo estava no coro, dentro dos canudos do órgão; na cozinha julgava-se que o fogo lavrava nos quatro ângulos do edifício; qual, pensava que D. Abade tinha caído da torre abaixo; qual, que fora arrebatado para o céu. Os sineiros, correndo para as torres, puxavam como energúmenos pelas cordas dos sinos; os porteiros fecharam as portas com horrível estrondo: os responsos soaram de todos os lados, e a algazarra dos noviços dominava esse ruído infernal, causado por uma única mulher. Oh, mulheres!

AMBRÓSIO

Vossa Reverendíssima faz o seu dever; estou disso bem certo.

FLORÊNCIA

Mas julgamos necessário declarar a Vossa Reverendíssima que estamos resolvidos a tirar nosso sobrinho do convento.

MESTRE

Nada tenho eu com essa resolução. Vossa Senhoria entender-se-á a esse respeito com o D. Abade.

FLORÊNCIA

O rapaz não tem inclinação nenhuma para frade.

AMBRÓSIO

E seria uma crueldade violentar-lhe o gênio.

Mestre

O dia em que o Sr. Carlos sair do convento será para mim dia de descanso. Há doze anos que sou mestre de noviços e ainda não tive para doutrinar rapaz mais endiabrado. Não se passa um só dia em que se não tenha de lamentar alguma travessura desse moço. Os noviços, seus companheiros, os irmãos leigos e os domésticos do convento temem-no como se teme a um touro bravo. Com todos moteja e a todos espanca.

Florência

Foi sempre assim, desde pequeno.

Mestre

E se o conheciam, senhores, para que o obrigaram a entrar no convento, a seguir uma vida em que se requer tranqüilidade de gênio?

Florência

Oh, não foi por meu gosto; meu marido é que persuadiu-me.

Ambrósio

(*com hipocrisia*)

Julguei assim fazer um serviço agradável a Deus.

Mestre

Deus, senhores, não se compraz com sacrifícios alheios. Sirva-o cada um com seu corpo e alma, porque cada um responderá pelas suas obras.

AMBRÓSIO

(*com hipocrisia*)

Pequei, Reverendíssimo, pequei; humilde peço perdão.

MESTRE

Esse moço foi violentamente constrangido e o resultado é a confusão em que está a casa de Deus.

FLORÊNCIA

Mil perdões, Reverendíssimo, pelo incômodo que lhe temos dado.

MESTRE

Incômodos? Para eles nascemos nós... passam desapercebidos, e demais, ficam de muros para dentro. Mas hoje houve escândalo, e escândalo público.

AMBRÓSIO

Escândalo público?

FLORÊNCIA

Como assim?

MESTRE

O noviço Carlos, depois de uma contenda com o D. Abade, deu-lhe uma cabeçada e o lançou por terra.

FLORÊNCIA

Jesus, Maria, José!

AMBRÓSIO

Que sacrilégio!

MESTRE

E fugiu ao merecido castigo. Fui mandado em seu alcance... Requisitei força pública, e aqui chegando, encontrei uma senhora.

FLORÊNCIA

Aqui, uma senhora?

MESTRE

E que se dizia sua tia.

FLORÊNCIA

Ai!

AMBRÓSIO

Era ele mesmo.

FLORÊNCIA

Que confusão, meu Deus!

AMBRÓSIO

Mas essa mulher, essa mulher? O que é feito dela?

MESTRE

Uma hora depois, que tanto foi preciso para acalmar a agitação, o D. Abade perguntou-lhe como ela ali se achava vestida com o hábito da Ordem.

AMBRÓSIO

E ela que disse?

MESTRE

Que tinha sido traída por um frade, que debaixo do pretexto de a salvar, trocara o seu vestido pelo hábito que trazia.

AMBRÓSIO

E nada mais?

MESTRE

Nada mais; e fui encarregado de prender de novo a todo o custo o noviço Carlos. E tenho cumprido a minha missão. O que ordenam a este servo de Deus?

AMBRÓSIO

Espere, Reverendíssimo, essa mulher já saiu do convento?

MESTRE

No convento não se demoram mulheres.

AMBRÓSIO

Que caminho tomou? Para onde foi? O que disse ao sair?

MESTRE

Nada sei.

AMBRÓSIO

(*à parte*)

O que me espera?

Florência
(*à parte*)
Aqui há segredo...

Mestre
Às vossas determinações...

Florência
Uma serva de Vossa Reverendíssima.

Mestre
(*para Florência*)
Quanto à saída de seu sobrinho do convento, com o D. Abade se entenderá.

Florência
Nós o procuraremos. (*Mestre sai e Florência acompanha-o até à porta; Ambrósio está como abismado*)

Cena VIII

Emília, Ambrósio *e* Florência

Emília
(*à parte*)
Carlos, Carlos, o que será de ti e de mim?

Ambrósio
(*à parte*)
Se ela agora aparece! Se Florência desconfia... Estou metido em boas! Como evitar, como? Oh, deci-

didamente estou perdido. Se a pudesse encontrar... Talvez súplicas, ameaças, quem sabe? Já não tenho cabeça? Que farei? De uma hora para outra aparece-me ela...(*Florência bate-lhe no ombro*) Ei-la! (*assustando-se*)

FLORÊNCIA

Agora nós. (*para Emília*) Menina, vai para dentro. (*vai-se Emília*)

Cena IX

AMBRÓSIO *e* FLORÊNCIA

AMBRÓSIO

(*à parte*)

Temos trovoada grossa...

FLORÊNCIA

Quem era a mulher que estava naquele quarto?

AMBRÓSIO

Não sei.

FLORÊNCIA

Sr. Ambrósio, quem era a mulher que estava naquele quarto?

AMBRÓSIO

Florência, já te disse, não sei. São coisas de Carlos.

FLORÊNCIA

Sr. Ambrósio, quem era a mulher que estava naquele quarto?

AMBRÓSIO

Como queres que eu to diga, Florencinha?

FLORÊNCIA

Ah, não sabe? Pois bem, então explique-me: por que razão mostrou-se tão espantado, quando Carlos o levou à porta daquele quarto e mostrou-lhe quem estava dentro?

AMBRÓSIO

Pois eu espantei-me?

FLORÊNCIA

A ponto de levar-me quase de rastos para a igreja, sem chapéu, lá deixar-me e voltar para casa apressado.

AMBRÓSIO

Qual! Foi por...

FLORÊNCIA

Não estude uma mentira, diga depressa.

AMBRÓSIO

Pois bem: direi. Eu conheço essa mulher.

FLORÊNCIA

Ah! E então quem é ela?

AMBRÓSIO

Queres saber quem é ela? É muito justo, mas aí é que está o segredo.

FLORÊNCIA

Segredos comigo?

AMBRÓSIO

Oh, contigo não pode haver segredo, é a minha mulherzinha. (*quer abraçá-la*)

FLORÊNCIA

Tenha-se lá; quem era a mulher?

AMBRÓSIO

(*à parte*)

Não sei o que lhe diga...

FLORÊNCIA

Vamos!

AMBRÓSIO

Essa mulher... Sim, essa mulher que há pouco estava naquele quarto, foi amada por mim.

FLORÊNCIA

Por ti?

AMBRÓSIO

Mas nota que digo: foi amada; e o que foi, já não é.

FLORÊNCIA

Seu nome?

AMBRÓSIO

Seu nome? Que importa o nome? O nome é uma voz com que se dão a conhecer as coisas... Nada vale; o indivíduo é tudo... Tratemos do indivíduo. (*à parte*) Não sei como continuar.

FLORÊNCIA

Então, e que mais?

AMBRÓSIO

Amei a essa mulher. Amei, sim, amei. Essa mulher foi por mim amada, mas então não te conhecia. Oh, e quem ousará criminar a um homem por embelezar-se de uma estrela antes de ver a lua, quem? Ela era a estrela e tu és a lua. Sim, minha Florencinha, tu és a minha lua cheia e eu sou teu satélite.

FLORÊNCIA

Oh, não me convence assim...

AMBRÓSIO

(*à parte*)

O diabo convença a uma mulher! (*alto*) Florencinha, encanto da minha vida, estou diante de ti como diante do confessionário, com uma mão sobre o coração e com a outra... Onde queres que eu ponha a outra?

FLORÊNCIA

Ponha lá onde quiser...

AMBRÓSIO

Pois bem, com ambas sobre o coração, dir-te-ei: só tu és o meu único amor, minhas delícias, minha vida ... (*à parte*) e minha burra!

FLORÊNCIA

Se eu pudesse acreditar!...

AMBRÓSIO

Não podes porque não queres. Basta um bocado de boa vontade. Se fiquei aterrorizado ao ver essa mulher, foi por prever os desgostos que terias, se aí a visses.

FLORÊNCIA

Se temes que eu a veja, é porque ainda a ama.

AMBRÓSIO

Amá-la, eu? Ah, desejava que ela estivesse mais longe de mim do que o cometa que apareceu o ano passado.

FLORÊNCIA

Oh, meu Deus, se eu pudesse crer!

AMBRÓSIO

(*à parte*)

Está meia (sic) convencida...

FLORÊNCIA

Se eu o pudesse crer! (*Rosa entra vestida de frade, pelo fundo, pára e observa*)

AMBRÓSIO

(*com animação*)

Estes raios brilhantes e aveludados de teus olhos ofuscam o seu olhar acanhado e esgateado. Esses negros e finos cabelos varrem da minha idéia as suas emaranhadas melenas cor de fogo. Esta mãozinha torneada (*pega-lhe na mão*), este colo gentil, esta cintura flexível e delicada fazem-me esquecer os grosseiros encantos desta mulher que... (*nesse momento dá com os olhos em Rosa; vai recuando pouco a pouco*)

FLORÊNCIA

O que tens? De que te espantas?

ROSA

(*adiantando-se*)

Senhora, este homem pertence-me.

FLORÊNCIA

E quem é Vossa Reverendíssima?

ROSA

(*tirando o chapéu, que faz cair os cabelos*)

Sua primeira mulher.

FLORÊNCIA

Sua primeira mulher?

ROSA

(*dando-lhe a certidão*)

Leia. (*para Ambrósio*) Conheceis-me, senhor? Há seis anos que nos não vemos, e quem diria que assim nos encontraríamos? Nobre foi o vosso proceder!... Oh, para que não enviastes um assassino para esgotar o sangue destas veias e arrancar a alma deste corpo? Assim devíeis ter feito, porque então eu não estaria aqui para vingar-me, traidor!

AMBRÓSIO
(*à parte*)

O melhor é deitar a fugir. (*corre para o fundo. Prevenção*)

ROSA

Não o deixem fugir! (*aparecem à porta meirinhos, os quais prendem Ambrósio*)

MEIRINHO

Está preso!

AMBRÓSIO

Ai! (*corre por toda a casa, etc. Enquanto isto se passa, Florência tem lido a certidão*)

FLORÊNCIA

Desgraçada de mim, estou traída! Quem me socorre? (*vai para sair, encontra-se com Rosa*) Ah, para longe, para longe de mim! (*recuando*)

ROSA

Senhora, a quem pertencerá ele? (*execução*)

FIM DO SEGUNDO ATO

ATO TERCEIRO

(Quarto em casa de Florência: mesa, cadeiras, etc., etc., armário, uma cama grande com cortinados, uma mesa pequena com um castiçal com vela acesa. É noite.)

Cena I

FLORÊNCIA *deitada,* EMÍLIA *sentada junto dela,* JUCA *vestido de calça, brincando com um carrinho pela sala.*

FLORÊNCIA

Meu Deus, meu Deus, que bulha faz esse menino!

EMÍLIA

Maninho, estás fazendo muita bulha a mamãe...

FLORÊNCIA

Minha cabeça! Vai correr lá para dentro...

EMÍLIA

Anda, vai para dentro, vai para o quintal. (*Juca sai com o carrinho*)

FLORÊNCIA

Parece que me estala a cabeça... São umas marteladas aqui nas fontes. Ai, que não posso! Morro desta!...

EMÍLIA

Minha mãe, não diga isso, seu incômodo passará.

FLORÊNCIA

Passará? Morro, morro... (*chorando*) Hi... (*etc.*)

EMÍLIA

Minha mãe!

FLORÊNCIA

(*chorando*)

Ser assim traída, enganada! Meu Deus, quem pode resistir? Hi, hi!

EMÍLIA

Para que tanto se aflige? Que remédio? Ter paciência e resignação.

FLORÊNCIA

Um homem em quem havia posto toda a minha confiança, que eu tanto amava... Emília, eu o amava muito!

EMÍLIA
(*à parte*)

Coitada!

FLORÊNCIA

Enganar-me deste modo! Tão indignamente, casado com outra mulher. Ah, não sei como não arrebento...

EMÍLIA

Tranqüilize-se, minha mãe.

FLORÊNCIA

Que eu supunha desinteressado... Entregar-lhe todos os meus bens, assim iludir-me... Que malvado, que malvado!

EMÍLIA

São horas de tomar o remédio. (*toma uma garrafa de remédio, deita-o em uma xícara e dá a Florência*)

FLORÊNCIA

Como os homens são falsos! Uma mulher não era capaz de cometer ação tão indigna. O que é isso?

EMÍLIA

O cozimento que o doutor receitou.

FLORÊNCIA

Dá cá. (*bebe*) Ora, de que servem esses remédios? Não fico boa; a ferida é no coração...

EMÍLIA

Há de curar-se.

FLORÊNCIA

Olha, filha, quando eu vi diante de mim essa mulher, senti uma revolução que te não sei explicar... um atordoamento, uma zoada, que há oito dias me tem pregado nesta cama.

EMÍLIA

Eu estava no meu quarto quando ouvi gritos na sala. Saí apressada e no corredor encontrei-me com meu padrasto...

FLORÊNCIA

Teu padrasto?

EMÍLIA

... que passando como uma flecha por diante de mim, dirigiu-se para o quintal, e saltando o muro, desapareceu. Corri para a sala...

FLORÊNCIA

E aí encontraste-me banhada em lágrimas. Ela já tinha saído, depois de ameaçar-me. Ah, mas eu hei de ficar boa para vingar-me!

EMÍLIA

Sim, é preciso ficar boa, para vingar-se.

FLORÊNCIA

Hei de ficar. Não vale a pena morrer por um traste daquele!

EMÍLIA

Que dúvida!

FLORÊNCIA

O meu procurador disse-me que o tratante está escondido, mas que já há mandado de prisão contra ele. Deixa estar. Enganar-me, obrigar-me a que te fizesse freira, constranger a inclinação de Carlos...

EMÍLIA

Oh, minha mãe, tenha pena do primo... O que não terá ele sofrido, coitado!

FLORÊNCIA

Já esta manhã mandei falar ao D. Abade por pessoa de consideração, e além disso, tenho uma carta que lhe quero remeter, pedindo-lhe que me faça o obséquio de aqui mandar um frade respeitável para de viva voz tratar comigo este negócio.

EMÍLIA

Sim, minha boa mãezinha.

FLORÊNCIA

Chama o José.

EMÍLIA

(*chamando*)

José? José? E a mamãe julga que o primo poderá estar em casa hoje?

FLORÊNCIA

És muito impaciente... Chama o José.

EMÍLIA

José?

Cena II

Ambas e José

José

Minha senhora...

Florência

José, leva esta carta ao convento. Onde está o Sr. Carlos, sabes?

José

Sei, minha senhora.

Florência

Procura pelo Sr. D. Abade, e lha entrega de minha parte.

José

Sim, minha senhora

Emília

Depressa! (*sai José*)

Florência

Ai, ai!

Emília

Tomara vê-lo já!

Florência

Emília, amanhã lembra-me para pagar as soldadas que devemos ao José e despedi-lo do nosso serviço. Foi metido aqui em casa pelo tratante, e só por esse fato já desconfio dele... Lé com lé, cré com cré... Nada; pode ser algum espião que tenhamos em casa...

EMÍLIA

Ele parece-me bom moço.

FLORÊNCIA

Também o outro parecia-me bom homem. Já não me fio em aparências.

EMÍLIA

Tudo pode ser.

FLORÊNCIA

Vai ver aquilo lá por dentro como anda, que minhas escravas pilhando-me de cama fazem mil diabruras.

EMÍLIA

E fica só?

FLORÊNCIA

Agora estou melhor, e se precisar de alguma coisa, tocarei a campainha. (*sai Emília*)

Cena III

FLORÊNCIA

(*só*)

Depois que mudei a cama para este quarto que foi do sobrinho Carlos, passo melhor... No meu, todos os objetos faziam-me recordar aquele pérfido. Ora, os homens são capazes de tudo, até de terem duas mulheres... E três, e quatro, e duas dúzias... Que demônios! Há oito dias que estou nesta cama; antes tivesse morrido. E ela, essa mulher infame, onde estará? E outra que tal... Oh, mas que culpa tem ela? Mais tenho eu, já que fui tão tola, tão tola, que casei-me sem indagar quem ele era. Queira Deus que este exemplo aproveite a muitas incautas! Patife, agora anda escondido... Ai, estou cansada... (*deita-se*) Mas não escapará da cadeia... seis anos de cadeia... assim me disse o procurador. Ai, minha cabeça! Se eu pudesse dormir um pouco. Ai, ai, as mulheres neste mundo... estão sujeitas... a... muito... ah! (*dorme*)

Cena IV

CARLOS *entra pelo fundo, apressado; traz o hábito roto e sujo.*

CARLOS

Não há grades que me prendam, nem muros que me retenham. Arrombei grades, saltei muros e eis-me aqui de novo. E lá deixei parte do hábito, esfolei os joelhos e as mãos. Estou em belo estado! Ora, para que ateimam comigo? Por fim, lanço fogo ao convento e morrem todos os frades assados, e depois queixem-se. Estou no meu antigo quarto, ninguém me viu entrar. Ah, que cama é esta? É da tia... Estará... Ah, é ela... e dorme... Mudou de quarto? O que se terá passado nesta casa há oito dias? Estive preso, incomunicável, a pão e água. Ah, frades! Nada sei. O que será feito da primeira mulher do senhor meu tio, desse grande patife? Onde estará a prima? Como dorme! Ronca que é um regalo! (*batem palmas*) Batem! Serão eles, não tem dúvida. Eu acabo por matar um frade...

MESTRE
(*dentro*)

Deus esteja nesta casa.

CARLOS

É o padre-mestre! Já deram pela minha fugida...

MESTRE
(*dentro*)

Dá licença?

CARLOS

Não sou eu decerto que ta hei de dar. Escondamo-nos, mas de modo que ouça o que ele diz... Debaixo da cama... (*esconde-se*)

MESTRE
(*dentro, batendo com força*)

Dá licença?

FLORÊNCIA
(*acordando*)

Quem é? Quem é?

MESTRE
(*dentro*)

Um servo de Deus.

FLORÊNCIA

Emília? Emília? (*toca a campainha*)

Cena V

Entra EMÍLIA.

EMÍLIA

Minha mãe...

FLORÊNCIA

Lá dentro estão todos surdos? Vai ver quem está na escada batendo. (*Emília sai pelo fundo*) Acordei sobressaltada... Estava sonhando que o meu primeiro marido enforcava o segundo, e era muito bem enforcado...

Cena VI

Entra EMÍLIA *com o* PADRE-MESTRE.

EMÍLIA

Minha mãe, é o Sr. Padre-Mestre. (*à parte*) Ave de agouro!

FLORÊNCIA

Ah!

MESTRE

Desculpe-me, minha senhora.

FLORÊNCIA

O Padre-Mestre é que me há de desculpar se assim o recebo. (*senta-se na cama*)

MESTRE

Oh, esteja a seu gosto. Já por lá sabe-se dos seus incômodos. Toda cidade o sabe. Tribulações deste mundo...

FLORÊNCIA

Emília, oferece uma cadeira ao Reverendíssimo.

MESTRE

Sem incômodo. (*senta-se*)

FLORÊNCIA

O Padre-Mestre veio falar comigo por mandado do Sr. D. Abade?

MESTRE

Não, minha senhora.

FLORÊNCIA

Não? Pois eu lhe escrevi.

MESTRE

Aqui venho pelo mesmo motivo que já vim duas vezes.

FLORÊNCIA

Como assim?

MESTRE

Em procura do noviço Carlos. Ah, que rapaz!

FLORÊNCIA

Pois tornou a fugir?

MESTRE

Se tornou! É indomável! Foi metido no cárcere a pão e água.

EMÍLIA

Desgraçado!

MESTRE

Ah, a menina lastima-o? Já me não admira que ele faça o que faz.

FLORÊNCIA

O Padre-Mestre dizia...

MESTRE

Que estava no cárcere a pão e água, mas o endemoninhado arrombou as grades, saltou na horta, vingou o muro da cerca que deita para a rua e pôsse a panos.

FLORÊNCIA

Que doido! E para onde foi?

MESTRE

Não sabemos, mas julgamos que para aqui se dirigiu.

FLORÊNCIA

Posso afiançar a Vossa Reverendíssima que por cá ainda não apareceu. (*Carlos bota a cabeça de fora e puxa pelo vestido de Emília*)

EMÍLIA

(*assustando-se*)

Ai!

FLORÊNCIA

O que é, menina?

MESTRE

(*levantando-se*)

O que foi?

EMÍLIA

(*vendo Carlos*)

Não foi nada, não senhora... Um jeito que dei no pé.

FLORÊNCIA

Tem cuidado. Assente-se, Reverendíssimo. Mas como lhe dizia, o meu sobrinho cá não apareceu; desde o dia em que o Padre-Mestre o levou preso ainda não o vi. Não sou capaz de faltar à verdade.

MESTRE

Oh, nem tal suponho. E demais, Vossa Senhoria, como boa parenta que é, deve contribuir para sua correção. Esse moço tem revolucionado todo o convento, e é preciso um castigo exemplar.

FLORÊNCIA

Tem muita razão; mas eu já mandei falar ao Sr. D. Abade para que meu sobrinho saísse do convento.

MESTRE

E o D. Abade está a isso resolvido. Nós todos nos temos empenhado. O Sr. Carlos faz-nos loucos... Sairá do convento; porém antes será castigado.

CARLOS

Veremos...

FLORÊNCIA

(*para Emília*)

O que é?

EMÍLIA

Nada, não senhora.

MESTRE

Não por ele, que estou certo que não se emendará, mas para exemplo dos que lá ficam. Do contrário, todo o convento abalava.

FLORÊNCIA

Como estão resolvidos a despedir meu sobrinho do convento, e o castigo que lhe querem impor é tão-somente exemplar, e ele precisa um pouco, dou minha palavra a Vossa Reverendíssima que assim que ele aqui aparecer, mandarei agarrá-lo e levar para o convento.

CARLOS

Isso tem mais que se lhe diga...

MESTRE

(*levantando-se*)

Mil graças, minha senhora.

Florência

Isto mesmo terá a bondade de dizer ao Sr. D. Abade, a cujas orações me recomendo.

Mestre

Serei fiel cumpridor. Dê-me as suas determinações.

Florência

Emília, conduz o Padre-Mestre.

Mestre

(*para Emília*)

Minha menina, muito cuidado com o senhor seu primo. Não se fie nele; julgo capaz de tudo. (*sai*)

Emília

(*voltando*)

Vá encomendar defuntos!

Cena VII

Emília, Florência, *e* Carlos *debaixo da cama*

Florência

Então, que te parece teu primo Carlos? É a terceira fugida que faz. Isto assim não é bonito.

Emília

E para que o prendem?

Florência

Prendem-no porque ele foge.

EMÍLIA

E ele foge porque o prendem.

FLORÊNCIA

Belo argumento! É mesmo desta cabeça. (*Carlos puxa pelo vestido de Emília*) Mas o que tens tu?

EMÍLIA

Nada, não senhora.

FLORÊNCIA

Se ele aqui aparecer hoje, há de ter paciência, irá para o convento, ainda que seja amarrado. É preciso quebrar-lhe o gênio. Estás a mexer-te?

EMÍLIA

Não senhora.

FLORÊNCIA

Queira Deus que ele se emende... Mas que tens tu, Emília, tão inquieta?

EMÍLIA

São cócegas na sola dos pés.

FLORÊNCIA

Ah, isso são câibras. Bate com o pé, assim estás melhor.

EMÍLIA

Vai passando.

FLORÊNCIA

O sobrinho é estouvado, mas nunca te dará os desgostos que me deu o Ambró... – nem quero pronunciar o nome. – E tu não te aquietas? Bate com o pé.

EMÍLIA

(*afastando-se da cama*)

Não posso estar quieta no mesmo lugar. (*à parte*) Que louco!

FLORÊNCIA

Estou arrependida de ter escrito. (*entra José*) Quem vem aí?

Cena VIII

Os mesmos e JOSÉ

EMÍLIA

É o José.

FLORÊNCIA

Entregaste a carta?

JOSÉ

Sim, minha senhora, e o Sr. D. Abade mandou comigo um reverendíssimo, que ficou na sala à espera.

FLORÊNCIA

Fá-lo entrar. (*sai o criado*) Emília, vai para dentro. Já que um reverendíssimo teve o incômodo de cá vir, quero aproveitar a ocasião e confessar-me. Posso morrer...

EMÍLIA

Ah!

FLORÊNCIA

Anda, vai para dentro e não te assustes. (*sai Emília*)

Cena IX

FLORÊNCIA

(*só*)

A ingratidão daquele monstro assassinou-me. Bom é ficar tranqüila com a minha consciência.

Cena X

AMBRÓSIO, *com hábito de frade, entra seguindo* JOSÉ.

CRIADO

Aqui está a senhora.

AMBRÓSIO

(*à parte*)

Retira-te e fecha a porta. (*dá-lhe dinheiro*)

CRIADO

(*à parte*)

Que lá se avenham... A paga cá está.

Cena XI

FLORÊNCIA

Vossa Reverendíssima pode aproximar-se. Queira assentar-se. (*senta-se*)

AMBRÓSIO

(*fingindo que tosse*)

Hum, hum, hum... (*Carlos espreita debaixo da cama*)

FLORÊNCIA

Escrevi para que viesse uma pessoa falar-me e Vossa Reverendíssima quis ter a bondade de vir.

AMBRÓSIO

Hum, hum, hum...

CARLOS

(*à parte*)

O diabo do frade está endefluxado.

FLORÊNCIA

E era para tratarmos do meu sobrinho Carlos, mas já não é preciso. Aqui esteve o padre-mestre; sobre isso falamos; está tudo justo, e sem dúvida Vossa Reverendíssima já está informado.

AMBRÓSIO

(*o mesmo*)

Hum, hum, hum...

FLORÊNCIA

Vossa Reverendíssima está constipado; talvez o frio da noite...

AMBRÓSIO
(*disfarçando a voz*)

Sim, sim....

FLORÊNCIA

Muito bem.

CARLOS

Não conheci esta voz no convento...

FLORÊNCIA

Mas para que Vossa Reverendíssima não perdesse de todo o seu tempo, se quisesse ter a bondade de ouvir-me em confissão...

AMBRÓSIO

Ah! (*vai fechar as portas*)

FLORÊNCIA

Que faz, senhor? Fecha a porta? Ninguém nos ouve.

CARLOS
(*à parte*)

O frade tem más tenções...

AMBRÓSIO
(*disfarçando a voz*)

Por cautela.

FLORÊNCIA

Assente-se. (*à parte*) Não gosto muito disso... (*alto*) Reverendíssimo, antes de principiarmos a confissão, julgo necessário informar-lhe que fui casada duas vezes; a primeira, com um santo homem, e a segunda, com um demônio.

AMBRÓSIO

Hum, hum, hum...

FLORÊNCIA

Um homem sem honra e sem fé em Deus, um malvado. Casou-se comigo quando ainda tinha mulher viva! Não é verdade, Reverendíssimo, que este homem vai direitinho para o inferno?

AMBRÓSIO

Hum, hum, hum...

FLORÊNCIA

Oh, mas enquanto não vai para o inferno, há de pagar nesta vida. Há uma ordem de prisão contra ele e o malvado não ousa aparecer.

AMBRÓSIO

(*levantando-se e tirando o capuz*)

E quem vos disse que ele não ousa aparecer?

FLORÊNCIA

(*fugindo da cama*)

Ah!

CARLOS

(*à parte*)

O senhor meu tio!

AMBRÓSIO

Podeis gritar, as portas estão fechadas. Preciso de dinheiro e muito dinheiro para fugir desta cidade, e dar-mo-eis, senão...

FLORÊNCIA

Deixai-me! Eu chamo por socorro!

AMBRÓSIO

Que me importa? Sou criminoso; serei punido. Pois bem, cometerei outro crime, que me pode salvar. Dar-me-eis tudo quanto possuís: dinheiro, jóias, tudo! E desgraçada de vós, se não me obedeceis! A morte!...

FLORÊNCIA

(*corre por toda a casa, gritando*)

Socorro, socorro! Ladrão, ladrão! Socorro! (*escuro*)

AMBRÓSIO

(*seguindo-a*)

Silêncio, silêncio, mulher!

CARLOS

O caso está sério! (*vai saindo debaixo da cama no momento que Florência atira com a mesa no chão. Ouve-se gritos fora:* Abra, abra! *Florência, achando-se só e no escuro, senta-se no chão, encolhe-se e cobre-se com uma colcha*)

AMBRÓSIO

(*procurando*)

Para onde foi? Nada vejo. Batem nas portas! O que farei?

CARLOS

(*à parte*)

A tia calou-se e ele aqui está.

AMBRÓSIO

(*encontra-se com Carlos e agarra-lhe o hábito*)

Ah, mulher, estais em meu poder. Estas portas não tardarão a ceder; salvai-me, ou mato-te!

CARLOS

(*dando-lhe uma bofetada*)

Tome lá, senhor meu tio!

AMBRÓSIO

Ah! (*cai no chão*)

CARLOS

(*à parte*)

Outra vez para a concha (*mete-se debaixo da cama*)

AMBRÓSIO

(*levantando-se*)

Que mão! Continuam a bater. Onde esconder-me? Que escuro! Deste lado vi um armário... Ei-lo! (*mete-se dentro*)

Cena XII

Entram pelo fundo quatro homens armados,
JORGE *trazendo uma vela acesa. Claro.*

JORGE

(*entrando*)

Vizinha, vizinha, o que é? O que foi? Não vejo ninguém... (*dá com Florência no canto*) Quem está aqui?

FLORÊNCIA

Ai, ai!

JORGE

Vizinha, somos nós...

EMÍLIA

(*dentro*)

Minha mãe, minha mãe! (*entra*)

FLORÊNCIA

Ah, é o vizinho Jorge! E estes senhores? (*levantando-se ajudada por Jorge*)

EMÍLIA

Minha mãe, o que foi?

FLORÊNCIA

Filha!

JORGE

Estava na porta de minha loja, quando ouvi gritar: Socorro, socorro! Conheci a voz da vizinha e acudi com estes quatro amigos.

FLORÊNCIA

Muito obrigada, vizinho; ele já se foi.

JORGE

Ele quem?

FLORÊNCIA

O ladrão.

TODOS

O ladrão!

FLORÊNCIA

Sim, um ladrão vestido de frade, que me queria roubar e assassinar.

EMÍLIA

(*para Florência*)

Minha mãe!

JORGE

Mas ele não teve tempo de sair. Procuremos.

FLORÊNCIA

Espere, vizinho, deixe-me sair primeiro. Se o encontrarem, dêem-lhe uma boa arrochada e levem-no preso. (*à parte*) Há de me pagar! Vamos, menina.

EMÍLIA

(*para Florência*)

É Carlos, minha mãe, é o primo!

FLORÊNCIA

(*para Emília*)

Qual primo! É ele, teu padrasto.

EMÍLIA

É o primo!

FLORÊNCIA

É ele, é ele. Vem. Procurem-no bem, vizinhos, e pau nele. Anda, anda. (*sai com Emília*)

Cena XIII

JORGE

Amigos, cuidado! Procuremos tudo; o ladrão ainda não saiu daqui. Venham atrás de mim. Assim que ele aparecer, uma boa massada de pau, e depois pés e mãos amarradas, e guarda do Tesouro com ele... Sigam-me. Aqui não está; vejamos atrás do armário. (*vê*) Nada. Onde se esconderia? Talvez debaixo da cama. (*levantando o rodapé*) Oh, cá está ele! (*dão bordoadas*)

CARLOS

(*gritando*)

Ai, ai, não sou eu, não sou ladrão, ai, ai!

JORGE

(*dando*)

Salta para fora, ladrão, salta! (*Carlos sai para fora, gritando*) Não sou ladrão, sou de casa!

JORGE

A ele amigos! (*perseguem Carlos de bordoadas por toda a cena. Por fim, mete-se atrás do armário e atira com ele no chão. Gritos:* Ladrão!)

Cena XIV

JORGE *só, depois* FLORÊNCIA *e* EMÍLIA

JORGE

Eles que o sigam; eu já não posso. O diabo esfolou-me a canela com o armário. (*batendo na porta*) Ó Vizinha, vizinha?

FLORÊNCIA

(*entrando*)

Então, vizinho?

JORGE

Estava escondido debaixo da cama.

EMÍLIA

Não lhe disse?

JORGE

Demos-lhe uma boa massada de pau e fugiu por aquela porta, mas os amigos foram-lhe no alcance.

FLORÊNCIA

Muito obrigada, vizinho. Deus lhe pague.

JORGE

Estimo que a vizinha não tivesse maior incômodo.

FLORÊNCIA

Obrigada. Deus lhe pague, Deus lhe pague.

Jorge

Boa noite, vizinha; mande levantar o armário que caiu.

Florência

Sim senhor. Boa noite. (*sai Jorge*)

Cena XV

Florência *e* Emília

Florência

Pagou-me!

Emília

(*chorando*)

Então, minha mãe, não lhe disse que era o primo Carlos?

Florência

E continuas a teimar?

Emília

Se eu o vi atrás da cama!

Florência

Ai, pior, era teu padrasto.

Emília

Se eu o vi!

Florência

Se eu lhe falei!... É boa teima!

Cena XVI

JUCA
(*entrando*)
Mamãe, aquela mulher do papá quer lhe falar.

FLORÊNCIA
O que quer essa mulher comigo, o que quer? (*resoluta*) Diga que entre. (*sai Juca*)

EMÍLIA
A mamãe vai afligir-se no estado em que está?

FLORÊNCIA
Bota aqui duas cadeiras. Ela não tem culpa. (*Emília chega uma cadeira. Florência, sentando-se*) Vejamos o que quer. Chega mais esta outra cadeira para aqui. Bem, vai para dentro.

EMÍLIA
Mas, se...

FLORÊNCIA
Anda; uma menina não deve ouvir a conversa que vamos ter. Farei tudo para persegui-lo. (*Emília sai*)

Cena XVII

Entra ROSA. *Já vem de vestido.*

ROSA
Dá licença?

FLORÊNCIA

Pode entrar. Queira ter a bondade de sentar-se. (*senta-se*)

ROSA

Minha senhora, a nossa posição é bem extraordinária...

FLORÊNCIA

E desagradável no último ponto.

ROSA

Ambas casadas com o mesmo homem...

FLORÊNCIA

E ambas com igual direito.

ROSA

Perdoe-me, minha senhora, nossos direitos não são iguais, sendo eu a primeira mulher...

FLORÊNCIA

Oh, não falo desse direito, não o contesto. Direito de persegui-lo quero eu dizer.

ROSA

Nisso estou de acordo.

FLORÊNCIA

Fui vilmente atraiçoada...

ROSA

E eu indignamente insultada...

FLORÊNCIA

Atormentei meus filhos...

ROSA

Contribuí para a morte de minha mãe...

FLORÊNCIA

Estragou grande parte de minha fortuna...

ROSA

Roubou-me todos os meus bens...

FLORÊNCIA

Oh, mas hei de vingar-me!

ROSA

(*levantando-se*)

Havemos de vingarmo-nos, senhora, e para isso aqui me acho.

FLORÊNCIA

(*levantando-se*)

Explique-se.

ROSA

Ambas fomos traídas pelo mesmo homem, ambas servimos de degrau à sua ambição. E porventura somos disso culpadas?

FLORÊNCIA

Não.

Rosa

Quando lhe dei eu a minha mão, poderia prever que ele seria um traidor? E vós, senhora, quando lhe destes a vossa, que vos uníeis a um infame?

Florência

Oh, não!

Rosa

E nós, suas desgraçadas vítimas, nos odiaremos mutuamente, em vez de ligarmo-nos, para de comum acordo perseguirmos o traidor?

Florência

Senhora, nem eu, nem vós temos culpa do que se tem passado. Quisera viver longe de vós; vossa presença aviva meus desgostos, porém farei um esforço – aceito o vosso oferecimento – unamo-nos e mostraremos ao monstro o que podem duas fracas mulheres quando se querem vingar.

Rosa

Eu contava convosco.

Florência

Agradeço a vossa confiança.

Rosa

Sou provinciana, não possuo talvez a polidez da Corte, mas tenho paixões violentas e resoluções prontas. Aqui trago uma ordem de prisão contra o pérfido, mas ele se esconde. Os oficiais de justiça andam em sua procura.

FLORÊNCIA

Aqui esteve há pouco.

ROSA

Quem?

FLORÊNCIA

O traidor.

ROSA

Aqui? Em vossa casa? E não vos asségurastes dele?

FLORÊNCIA

E como?

ROSA

Ah, se eu aqui estivesse...

FLORÊNCIA

Fugiu, mas levou uma maçada de pau.

ROSA

E onde estará ele agora, onde?

AMBRÓSIO

(*arrebenta uma tábua do armário, põe a cabeça de fora*)

Ai, que abafo!

FLORÊNCIA *e* ROSA

(*assustadas*)

É ele!

Ambrósio
(*com a cabeça de fora*)

Oh, diabo, cá estão elas!

Florência

É ele! Como te achas aí?

Rosa

Estava espreitando-nos!

Ambrósio

Qual espreitando! Tenham a bondade de levantar este armário.

Florência

Para quê?

Ambrósio

Quero sair... Já não posso... Abafo, morro!

Rosa

Ah, não podes sair? Melhor.

Ambrósio

Melhor?

Rosa

Sim, melhor, porque estás em nosso poder.

Florência

Sabes que estávamos ajustando o meio de nos vingarmos de ti, maroto?

ROSA

E tu mesmo te entregaste... Mas como?...

FLORÊNCIA

Agora já te adivinho. Bem dizia Emília; foi Carlos quem levou as bordoadas. Ah, patife, mais essa!

ROSA

Pagará por tudo junto.

AMBRÓSIO

Mulheres, vejam lá o que fazem!

FLORÊNCIA

Não me metes medo, grandíssimo mariola!

ROSA

Sabes que papel é este? É uma ordem de prisão contra ti que vai ser executada. Foge agora!

AMBRÓSIO

Minha Rosinha, tira-me daqui!

FLORÊNCIA

O que é lá?

AMBRÓSIO

Florencinha, tem compaixão de mim!

ROSA

Ainda falas, patife?

AMBRÓSIO

Ai, que grito! Ai, ai!

FLORÊNCIA

Podes gritar. Espera um bocado. (*sai*)

ROSA

A justiça de Deus te castiga.

AMBRÓSIO

Escuta-me, Rosinha, enquanto aquele diabo está lá dentro: tu és a minha cara mulher; tira-me daqui que eu te prometo...

ROSA

Promessas tuas? Queres que eu acredite nelas? (*entra Florência trazendo um pau de vassoura*)

AMBRÓSIO

Mas eu juro que desta vez...

ROSA

Juras? E tu tens fé em Deus para jurares?

AMBRÓSIO

Rosinha de minha vida, olha que...

FLORÊNCIA

(*levanta o pau e dá-lhe na cabeça*)

Toma, maroto!

AMBRÓSIO

(*escondendo a cabeça*)

Ai!

ROSA

(*rindo-se*)

Ah, ah, ah!

FLORÊNCIA

Ah, pensavas que o caso havia de ficar assim? Anda, bota a cabeça de fora!

AMBRÓSIO

(*principia a gritar*)

Ai! (*etc.*)

ROSA

(*procura pela casa um pau*)

Não acho também um pau...

FLORÊNCIA

Grita, grita, que eu já chorei muito. Mas agora hei de arrebentar-te esta cabeça. Bota essa cara sem-vergonha de fora!

ROSA

(*tira o travesseiro da cama*)

Isto serve?

FLORÊNCIA

Patife! Homem desalmado!

ROSA

Zombastes, agora pagarás.

AMBRÓSIO

(*botando a cabeça de fora*)

Ai, que morro! (*dão-lhe*)

ROSA

Toma lá!

AMBRÓSIO

(*escondendo a cabeça*)

Diabos!

ROSA

Chegou nossa vez.

FLORÊNCIA

Verás como se vingam duas mulheres...

ROSA

Traídas ...

FLORÊNCIA

Enganadas...

ROSA

Por um tratante...

FLORÊNCIA

Digno da forca.

ROSA

Anda, bota a cabeça de fora!

FLORÊNCIA

Pensavas que havíamos de chorar sempre?

AMBRÓSIO

(*bota a cabeça de fora*)

Já não posso! (*dão-lhe*) Ai, que me matam! (*esconde-se*)

ROSA

É para teu ensino.

FLORÊNCIA

(*fazendo sinais para Rosa*)

Está bom, basta, deixá-lo. Vamos chamar os oficiais de justiça.

ROSA

Nada! Primeiro hei de lhe arrebentar a cabeça. Bota a cabeça de fora. Não queres?

FLORÊNCIA

(*fazendo sinais*)

Não, minha amiga, por nossas mãos já nos vingamos. Agora, a Justiça.

ROSA

Pois vamos. Um instantinho, meu olho, já voltamos.

FLORÊNCIA

Se quiser, pode sair e passear. Podemos sair, que ele não foge. (*colocam-se juntas do armário, silenciosas*)

AMBRÓSIO

(*botando a cabeça de fora*)

As fúrias já se foram. Escangalharam-me a cabeça! Se eu pudesse fugir... (*Florência e Rosa dão-lhe*)

FLORÊNCIA

Por que não foges?

ROSA

Pode muito bem.

AMBRÓSIO

Demônios! (*esconde-se*)

FLORÊNCIA

Só assim teria vontade de rir. Ah, ah!

ROSA

Há seis anos que não me rio de tão boa vontade!

FLORÊNCIA

Então, maridinho?

ROSA

Vidinha, não queres ver tua mulher?

AMBRÓSIO

(*dentro*)

Demônios, fúrias, centopéias! Diabos! Corujas! Ai, ai! (*gritando sempre*)

Cena XVIII

Os mesmos e EMÍLIA

EMÍLIA

(*entrando*)

O que é? Riem-se?

FLORÊNCIA

Vem cá, menina, vem ser como se deve ensinar aos homens.

Cena XIX

Entra CARLOS *preso por soldados, etc.,*
seguido de JORGE.

JORGE
(*entrando adiante*)

Vizinha, o ladrão foi apanhado.

CARLOS
(*entre os soldados*)

Tia!

FLORÊNCIA

Carlos!

EMÍLIA

O primo! (*Ambrósio bota a cabeça de fora e espia*)

JORGE

É o ladrão.

FLORÊNCIA

Vizinho, este é meu sobrinho Carlos.

JORGE

Seu sobrinho? Pois foi quem levou a coça.

Carlos

Ainda cá sinto...

Florência

Coitado! Foi um engano, vizinho.

Jorge

(*para os meirinhos*)

Podem largá-lo.

Carlos

Obrigado. Priminha! (*indo para ela*)

Emília

Pobre primo.

Florência

(*para Jorge*)

Nós já sabemos como foi o engano, neste armário; depois lhe explicarei. (*Ambrósio esconde-se*)

Jorge

(*para os soldados*)

Sinto o trabalho que tiveram... E como não é mais preciso, podem-se retirar.

Rosa

Queiram ter a bondade de esperar. Senhores oficiais de justiça, aqui lhes apresento este mandado de prisão, lavrado contra um homem que se oculta dentro daquele armário.

Todos

Naquele armário!

MEIRINHO

(*que tem lido o mandado*)

O mandado está em forma.

ROSA

Tenham a bondade de levantar o armário. (*os oficiais de justiça e os quatro homens levantam o armário*)

FLORÊNCIA

Abram (*Ambrósio sai muito pálido, depois de abrirem o armário*)

CARLOS

O senhor meu tio!

EMÍLIA

Meu padrasto!

JORGE

O Sr. Ambrósio!

MEIRINHO

Estais preso.

ROSA

Levai-o.

FLORÊNCIA

Para a cadeia.

AMBRÓSIO

Um momento. Estou preso, vou passar seis anos na cadeia... Exultai, senhoras. Eu me deveria lembrar antes de me casar com duas mulheres, que basta só uma para fazer o homem desgraçado. O que diremos de duas? Reduzem-no ao estado em que me vejo. Mas não sairei daqui sem ao menos vingar-me em alguém. (*para os meirinhos*) Senhores, aquele moço fugiu do convento depois de assassinar um frade.

CARLOS

O que é lá isso? (*Mestre de Noviços entra pelo fundo*)

AMBRÓSIO

Senhores, denuncio-vos um criminoso.

MEIRINHO

É verdade que tenho aqui uma ordem contra um noviço...

MESTRE

... Que já de nada vale. (*prevenção*)

TODOS

O Padre-Mestre!

MESTRE

(*para Carlos*)

Carlos, o D. Abade julgou mais prudente que lá não voltasses. Aqui tens a permissão por ele assinada para saíres do convento.

CARLOS

(*abraçando-o*)

Meu bom Padre-Mestre, este ato reconcilia-me com os frades.

Mestre

E vós, senhoras, esperai da justiça dos homens o castigo deste malvado. (*para Carlos e Emília*) E vós, meus filhos, sede felizes, que eu pedirei para todos (*ao público*) indulgência!

Ambrósio

Oh, mulheres, mulheres! (*execução*)

FIM

O CIGANO

Comédia em 1 ato

[1845]

PERSONAGENS

SIMÃO, *cigano*
ISABEL, BÁRBARA, SILVÉRIA, *suas filhas*
GREGÓRIO, *malsim*
TOMÉ, *vendelhão*
JOSÉ, *caixeiro da taverna*
ANICETO, *cambista*
ANSELMO, *cocheiro de ônibus*
UM SUBDELEGADO
PERMANENTES
DOIS NEGROS

A cena passa-se no Rio de Janeiro,
no ano de 1845.

ATO ÚNICO

(*Sala ordinária. Porta no fundo e à esquerda; uma mesa no meio da sala e, à direita, no fundo, uma cômoda. É noite.*)

Cena I

Ao levantar do pano, ISABEL, BÁRBARA *e* SILVÉRIA *estarão cosendo, sentadas ao redor da mesa.*

ISABEL
(*cosendo e cantando*)
Maliciosos
Os homens são;
Enganadores
Por condição.

AS TRÊS
(*em coro*)
Os homens querem
Sempre enganar;

Nós nos devemos
Acautelar.

ISABEL
(*só*)
Quando nos querem,
São uns cordeiros;
Depois se tornam
Lobos matreiros.

AS TRÊS
(*em coro*)
Os homens querem
Sempre enganar;
Nós nos devemos
Acautelar.

ISABEL
São lobos, são.

BÁRBARA
E a culpa temos nós.

SILVÉRIA
Pobres cordeirinhas, tão mansas para serem devoradas por esses danados.

ISABEL
Se nós não lhes quebramos os dentes!...

SILVÉRIA
Mas quebramos-lhes a paciência.

BÁRBARA
E por isso lhes falta, quando são nossos senhores.

ISABEL

Nossos senhores?

BÁRBARA

Sim, sim, nossos senhores, os nossos maridos.

SILVÉRIA

Quando os achamos.

BÁRBARA

Não acha quem não quer, ou não sabe.

ISABEL

Conforme...

SILVÉRIA

Pois eu não me hei de casar porque não quero.

ISABEL

Nem eu.

BÁRBARA

Nem eu também.

ISABEL

Até porque não tenho amante, e nem sei namorar.

SILVÉRIA

Eu também não sei.

BÁRBARA

Nem eu tampouco.

ISABEL

(*rindo-se às gargalhadas*)

Ah, ah, ah!

SILVÉRIA

(*no mesmo*)

Ah, ah, ah!

BÁRBARA

(*no mesmo*)

Ah, ah, ah!

AS TRÊS

De que se riem?

SILVÉRIA

Bárbara, a Isabel diz que não tem namorado.

ISABEL

E ainda digo. Tu, sim…

BÁRBARA

Já se esqueceu daquele sujeito que passa sempre por aqui, puxado a quatro…

SILVÉRIA

É verdade; daquele cocheiro do ônibus.

ISABEL

A mana Bárbara vê muito, mas é porque está sempre colada à janela a fazer gaifonas às escondidas para o caixeiro da venda, que mora ali defronte.

Bárbara

Quem te disse isso? (*zangada*)

Isabel

(*rindo-se*)

O cocheiro do ônibus…

Bárbara

(*zangada*)

É mentira, não namoro o caixeiro da venda! É mentira.

Silvéria

Cale-se, mana Isabel, senão acabam-se as passas e figos secos com que o sujeitinho mimoseia-nos. (*para Bárbara*) Não te zangues; continua a namorar, que eu gosto muito de passas…

Bárbara

(*para Silvéria*)

Tu também, minha santinha, era melhor que cuidasses mais no teu cambista…

Isabel

Um cambista? Bravo!

Silvéria

Deixe-a falar.

Bárbara

E que lhe mandasses dizer que o Diretor dos Teatros e a Polícia andam com o olho vivo, e que mais hora menos hora irá dar com ossos na cadeia.

ISABEL

Isto está muito bom! De sorte que o teu namorado, Bárbara, é um caixeiro de taverna?

BÁRBARA

E o teu, Isabel, um cocheiro de ônibus?

ISABEL

E o da Silvéria...

BÁRBARA

Um cambista do teatro.

SILVÉRIA

Estamos bem arranjadas!

ISABEL

Não pensem vocês que eu faço caso do meu.

BÁRBARA *e* SILVÉRIA

Oh, eu também não faço! (*dá dez horas em um sino ao longe*)

AS TRÊS

Dez horas!

BÁRBARA

Vocês não têm sono?

SILVÉRIA

Não.

BÁRBARA

(levantando-se)

Pois eu vou me deitar. *(à parte)* São horas de ele vir...

SILVÉRIA

(levantando-se)

E eu também. *(à parte)* Ele não pode tardar...

ISABEL

Quero primeiro acabar esta bainha. *(à parte)* Devo esperá-lo...

BÁRBARA

Então ficas, Isabel?

ISABEL

Por um momento.

BÁRBARA

Pois boa-noite, até amanhã. *(à parte)* Vou fingir que durmo para poder voltar. *(sai pela direita)*

SILVÉRIA

Isabel, coser muito à noite faz mal. Vai te deitar.

ISABEL

Já vou, falta pouco.

SILVÉRIA

Vou me deitar para enganá-las. Às dez e meia, disse-me ele... *(sai)*

Cena II

ISABEL, *só*

ISABEL
(*levantando-se*)

Já se foram... Estava a tremer que elas não tivessem sono! É mais tarde do que eu pensava. (*tira do seio um bilhete, e lê*) "Minha feiticeira: Como teu pai saiu esta noite, às dez e meia estarei a teus pés." (*representando*) E dez já deram! Como se passou a noite! Creio ouvir bater... Enganei-me. As manas já desconfiam do meu namoro, apesar da cautela que tenho tido. Não importa; o que eu não quero é que elas saibam que eu converso com ele à noite, nesta sala. Sou irmã mais velha, devo dar o exemplo. Ouço passos... É ele, sem dúvida! (*assobiam dentro*) É o sinal! (*observando*) As manas já entraram para seus quartos; não há que recear. (*chega-se para a porta do fundo e bate duas palmas, e a este sinal entra Anselmo, vestido como andam os cocheiros de ônibus; traz na mão um longo chicote*)

Cena III

ISABEL *e* ANSELMO

ANSELMO
(*da porta*)

O velho?

ISABEL

Ainda não voltou. Entra devagar, que as manas estão acordadas.

ANSELMO

Mandaste-me dizer que teu pai hoje voltaria tarde e que eu te viesse falar às dez e meia. Neste instante deram em São Francisco de Paula, e eis-me a teu lado, vidoca.

ISABEL

Olhe, e é pela última vez.

ANSELMO

Ui! E por quê?

ISABEL

As manas já desconfiam que nós nos entendemos... E além disso, eu não devo mais vê-lo – não me fica bem.

ANSELMO

Olé!

ISABEL

Meu pai pode vir a saber e eu ficarei perdida... E você, se me ama, bem sabe o que deve fazer para estar sempre junto de mim.

ANSELMO

Casar-me?

ISABEL

Assim parece.

ANSELMO

Hoje é o dia do extraordinário. Já conduzi esta tarde para as Laranjeiras dois ônibus extraordinários, porque amanhã é dia de Natal e todos querem ir para a chácara. Recebi do administrador da Companhia um récipe extraordinário por ter arrebentado num frade de pedra a roda do ônibus; e para concluir os extraordinários, tu falas-me em casamento assim em ar de afogadilho...

ISABEL

Afogadilho?

ANSELMO

Vidoca, cá o rapaz é filósofo, e filosofia primeiro que tudo. O casamento não é negócio de estucha.

ISABEL

Mas é negócio de quem ama.

ANSELMO

De quem ama e tem o *legem pores*. Olha, Isabelinha, eu tenho de meu, por tudo, trinta mil-réis de ordenado e este açoite. Os trinta mil-réis é para mim, e o açoite para as bestinhas. Ora, bem vês que só com isso não se pode ter mulher, filhos e barabadós. Mas não te entristeças – tenho cá na cachola um plano que me há de ser proveitoso.

ISABEL

E qual é?

ANSELMO

Um dos recebedores dos ônibus breve é despedido. O tal menino julga que deve fazer dos carros seu patrimônio. No caminho recebe passageiros quer haja lugar, quer não; arruma-os como sardinhas em tigela. Cede o seu lugar, quando já não se pode ter dentro com o aperto, e vai sentar-se comigo na almofada, e daí continua a receber passageiros que apareçam até o ponto – e arranjem-se lá como puderem... E por fim só entrega metade do dinheiro que recebeu. E sabes, lá se foram dez ou vinte pessoas de passagem. Há coisa de um mês que eu lhe disse que podiam saber da estrangeirinha, e sabes o que ele respondeu-me?

ISABEL

Não.

ANSELMO

Que o que tinha pena era que os ônibus não fossem de borracha.

ISABEL
(*rindo-se*)

Ah, ah, ah!

ANSELMO

Mas já deram com a língua nos dentes; o administrador já sabe da ladroeira e o sujeito está no olho da rua mais dia menos dia. Andam às indagações.

ISABEL

Mas que tem você com isso?

ANSELMO

O que tenho? Assim que lhe disserem *oculus ruarum,* eu vou pedir o lugar. Terei cinqüenta mil-réis de ordenado, casar-me-ei contigo e andaremos a quatro, debaixo de coberta enxuta. Que te parece?

ISABEL

Quando despedem o recebedor?

ANSELMO

Muito breve. Ainda tenho cá outro plano: Assim que eu estiver no seu lugar, hei de fazer o mesmo que ele fez. Hei de entulhar gente para dentro do ônibus como um castigo.

ISABEL

Sim? Para te despedirem também?

ANSELMO

Cala-te, vidoca, tu não entendes destas coisas. Lugar em que serviu ladrão é onde mais se rouba... Pensam os tolos que o exemplo da demissão aproveitou... Qual aproveitou! Estou cumprimentando a demissão ... Esta cá é a minha filosofia!

ISABEL

Mas se... Sinto passos! (*batem três pancadas na escada*) É o Sr. Tomé; conheço o modo de bater.

ANSELMO

Como há de ser isto? Se ele me vê...

ISABEL

Meu Deus!

ANSELMO

Apago a vela?

ISABEL

Não, não! Esconda-se atrás da cômoda. (*Anselmo esconde-se atrás da cômoda*)

Cena IV

Aparece à porta do fundo TOMÉ, *seguido de um preto com uma grande caixa na cabeça.*

TOMÉ

(*à porta*)

Ninguém responde? (*vendo Isabel*) Oh!

ISABEL

Pode entrar.

TOMÉ

(*entrando*)

Pensei que dormiam. (*para o negro*) Entre, pai, bote a caixa aqui. (*ajuda o negro a arriar a caixa à direita baixa*) Vai esperar-me lá embaixo. (*o negro sai*)

ISABEL

O Sr. Tomé a estas horas por aqui, com uma caixa? O que é?

TOMÉ

A menina é curiosa. Onde está teu pai?

ISABEL

Saiu.

TOMÉ

É quase onze horas, não pode tardar. Esperarei.

ISABEL

(*à parte*)

Pior é essa. (*para Tomé*) Ele não volta hoje.

TOMÉ

Como não volta hoje, se ele disse-me que aqui viesse entre as onze e a meia-noite? E demais, tenho que lhe entregar esta caixa. Esperarei. (*assenta-se*)

ISABEL

(*à parte*)

Que te leve a breca, vendelhão de uma figa!

TOMÉ

Como vão nossos amores?

ISABEL

Já lhe dei confianças?

TOMÉ

Não, amorzinho, mas hás de dar-me o teu coração, e eu te mandarei uma caixinha de tâmaras secas e um queijo do reino frescal.

ISABEL

Hei de dar-lhe um dardo! Guarde-os!

TOMÉ

Um dardo! Guardado está ele para o dia do nosso casamento.

ISABEL

(*à parte*)

E ele a ouvir isto!

TOMÉ

Nesse dia teremos função grossa... Não me fica nada na venda – belo vinho do Douro, presuntos... (*levantando-se*) Dá-me um abraço. (*persegue a Isabel pela sala com os braços abertos*)

ISABEL

(*fugindo*)

Deixe-me, Sr. Tomé, deixe-me!

TOMÉ

Um só... (*seguindo-a*)

ISABEL

(*fugindo*)

Eu grito! (*Tomé persegue Isabel, e nesse momento aparece à porta do fundo o cigano*)

Cena V

Os mesmos

CIGANO

O que é isto?

ISABEL

(*parando*)

Meu pai!

TOMÉ
(*à parte*)

Oh, diabo!

CIGANO

A correrem? De quê?

TOMÉ

Brincava com a menina...

CIGANO

Maus brinquedos... (*para Isabel*) Tuas irmãs?

ISABEL

Já se foram deitar.

CIGANO

Vai tu também.

ISABEL
(*saindo, à parte*)

O que será dele? (*sai*)

Cena VI

CIGANO *e* TOMÉ

CIGANO

Previno-te que não gosto destas graças com minha filha.

TOMÉ

Amigo Simão, lembro-te que já lha pedi em casamento.

CIGANO

Quando estiveres casado, farás o que quiseres.

TOMÉ

Também tens razão. Vamos ao que serve. Aqui está esta caixa; hoje é a terceira que te trago. Véspera de festa é dia de colheita...

CIGANO

O que contém?

TOMÉ

Roupa de uso. (*abrindo a caixa e mostrando*) Casaca, calças, colete, etc. O dono disto tudo ia passar a festa na Ilha do Governador; chamou um negro de ganho para conduzir a sua carga. Este furtou-lhe ao voltar uma esquina e trouxe-me tudo à venda. Dei-lhe um copo de cachaça.

CIGANO

É preciso cuidado. Esses negros podem um dia denunciar-nos.

TOMÉ

Qual, não penses nisto; a cachaça fecha-lhes a boca. Tenho cá a minha companhia muito bem organizada. Todos os dias pela manhã vão lá à minha venda doze negros de ganho e eu dou a cada um deles um copinho da branca e lhes digo: "Meus filhos, quando te chamarem para carregar alguma carga, logra a pessoa que te acompanhar ao voltar alguma esquina e traze tudo à venda, que te darei outro copinho e alguns cobres em cima". Se bem o digo, melhor o fazem eles. Os diabos dos negros têm uma inteligência para o roubo que é coisa nunca vista! Hoje é o terceiro que recebo. Excelente negócio!

CIGANO

Quem bem sabe, muito ganha.

TOMÉ

E quem muito ganha, muito vale... O modo não importa. Quando eu me perder por este negócio, muitos se perderão. Pensas tu que se não fossem estas agências haveriam tantas tavernas abertas nesta cidade? Olha, Simão, o negócio lícito não dá nada! Que diabo deixam um queijo de Minas que se vende por mais um tostão, um paio por mais um vintém, etc.? Bagatela! É preciso ter-se um armazém bem sortido para se ganhar alguma coisa deste modo; mas uma vendinha com meia dúzia de garrafas de vinho, duas pipas de aguardente, quatro réstias de alho e dois bacalhaus pendurados à porta, e o mais em conseqüência... Ora, vivem os donos como eu vivo! Um dia é carga desencaminhada pelo negro de ganho; outro dia é o talher de prata surripiado pelo escravo a seu senhor, etc., etc. Digo-te isto porque não tenho segredos contigo – somos sócios: eu recebo os objetos e tu os distribuis e passas. Anda, toma conta disto. Tuas filhas que desmanchem as marcas, se as houver...

CIGANO

Tudo se fará.

TOMÉ

Vou-me embora, que é tarde. Manda-me a caixa, que é minha. O bauzinho que trouxe a carga já está no fogo.

CIGANO

Descansa.

TOMÉ

Então, a respeito de Isabelinha, o dito, dito?

CIGANO

Está dito.

TOMÉ

Estou enfeitiçado pela rapariga. Adeus.

CIGANO

Adeus. (*Tomé sai*)

Cena VII

CIGANO, *só*

CIGANO

O dia hoje foi proveitoso! Chamam-me Cigano, como se este nome fosse uma afronta... Deixá-los! Viva eu como vivo, que os tolos dar-me-ão que comer e talvez que enriquecer... Um cordãozinho de ouro falso, vendido à noite a algum sertanejo ou simplório, enche-me às vezes a bolsa. (*mostra a bolsa*) Uma entrada em casa em que se está jantando ou ceando e cujos donos mandam-me esperar na sala, rende trastinhos destes... (*tira da algibeira da casaca dois castiçais de prata e uma tesoura de espevitar*) Uma noite de teatro na platéia dá caixas de tabaco, (*tira uma caixa de ouro da algibeira*) lenço de seda... (*tira um lenço*) Isto faço eu por mim; o meu digno sócio, amigo e futuro genro Tomé, faz destas proezas, (*mostra a caixa*) e o meu predileto Gregório, o mais honrado malsim desta cidade, traz o seu negrozinho seduzido... E quanto contrabando pilho pelas praias! Bom negócio! Dê-me Deus vida, que fortuna farei eu. Guardemos estes farrapos. (*abre a caixa, tira de dentro a roupa e leva-a pela direita*)

Cena VIII

ANSELMO, *saindo de trás da cômoda.*

ANSELMO

Onde estou eu metido! Isto é uma caverna de ladrões. Que meninos! Chitom, que ele aí vem! (*esconde-se*)

Cena IX

Entra o CIGANO.

CIGANO

Agora lembro-me que preciso falar ao Gregório. São quase onze; encontrá-lo-ei em casa. As meninas dormem; não as acordarei para fecharem a porta; eu volto já. Apaguemos a vela, que pode pegar fogo na casa. (*apaga a vela e procura a porta do fundo às apalpadelas, e sai*)

Cena X

ANSELMO, *saindo de trás da cômoda.*

ANSELMO

Como está escuro! Já não estou bem aqui, safa! Nem mais espero por ela... A porta é deste lado. Ouço passos... (*pára em observação*)

Cena XI

Aparece à porta da esquerda BÁRBARA.

BÁRBARA

(*à parte*)

Meu pai tornou a sair; as manas dormem... São horas. Que escuridão! (*encaminha-se para a porta do fundo*)

ANSELMO

(*à parte*)

Quem será? (*Bárbara chega à porta*)

BÁRBARA

Está aberta; melhor. (*dá três palmas e respondem dentro*) Ele aí vem.

ANSELMO

(*à parte*)

Que diabo quer isto dizer? Mau!...

Cena XII

Entra JOSÉ.

JOSÉ

Aqui estou.

BÁRBARA

Entre.

JOSÉ

Onde estás?

BÁRBARA

Aqui.

JOSÉ

Não vejo nada. (*encontrando-se com ela*) Ah!

BÁRBARA

Não faça bulha.

JOSÉ

Meu amo hoje fechou a venda tarde, e por isso...

BÁRBARA

(*com susto*)

Cale-se, que ouço bulha... É alguma das manas... Não se mexa; eu já venho. (*encaminha-se para a esquerda*)

José

Deixa-me só, no escuro... E então? Psiu, psiu!

Anselmo

(*à parte*)

Temos complicação!

Cena XIII

Entra pela direita Isabel.

Isabel

(*entrando, à parte*)

Coitado, deve estar aflito! Psiu! (*encaminha-se para o meio da sala e encontra-se com José*)

José

Ah, não me deixe!

Isabel

Não tive culpa.

Bárbara

(*à parte*)

Com quem fala ele?

Isabel

É melhor que você saia; meu pai pode voltar... Até amanhã.

José

Tome primeiro esta lingüiça que eu lhe trouxe, e este papel de passas. (*apresenta-lhe a lingüiça*)

Isabel

Lingüiça?

José

Sim.

Anselmo

(*que se encaminha para a frente*)

É a sua voz...

Isabel

Para quê?

Bárbara

Quem será? (*Bárbara encontra-se com Anselmo. Bárbara e Anselmo à esquerda, e Isabel e José à direita*)

Anselmo

És tu?

Bárbara

Com quem falavas?

Anselmo

Hem? (*à parte*) Não é ela. (*escuta*)

José

Aqui há mais gente... (*escuta*)

Bárbara

O que tens?

ANSELMO

Temos complicação. (*ouve-se dentro cair uma bandeja de louça. Susto dos que estão em cena*)

ISABEL

(*à parte*)

O que será! (*escuta*)

JOSÉ

(*à parte, ao mesmo tempo*)

Mau vai ela... (*escuta*)

BÁRBARA

(*ao mesmo tempo*)

Ah! (*escuta*)

ANSELMO

(*ao mesmo tempo*)

Temo-la!... (*escuta*)

Cena XIV

Aparece à porta da direita SILVÉRIA.

SILVÉRIA

Maldito escuro! Fez-me dar com a bandeja de louça no chão. (*os que estão em cena escutam com atenção. Silvéria passa por meio deles e encaminha-se para a porta*)

JOSÉ

(*à parte*)

Alguém...

ANSELMO
(*à parte*)

Sinto passos...

SILVÉRIA
(*caminhando*)

Pensei que o não veria hoje. (*Silvéria chega à porta do fundo e bate palma*)

BÁRBABA *e* ISABEL

Dão palmas...

SILVÉRIA
(*da porta*)

Pode vir...

Cena XV

Entra ANICETO.

ANICETO

Silvéria?

SILVÉRIA

Estou aqui. (*toma-o pela mão e o conduz para a frente do teatro. Os dois grupos conservam-se imóveis*)

ANICETO

Temia não te poder ver hoje.

SILVÉRIA

Por quê?

ANICETO

Estive até muito tarde no teatro, passando os bilhetes que comprei; assim mesmo perdi muito.

SILVÉRIA

Por que não deixa você de ser cambista? Perde, e podem-no prender…

ANICETO

Qual!

CIGANO

(*dentro*)

Agora é muito tarde, só amanhã.

ISABEL

É meu pai! (*para José*) Esconda-se!

BÁRBARA

(*ao mesmo tempo*)

É meu pai! (*para Anselmo*) Esconda-se!

SILVÉRIA

(*ao mesmo tempo*)

É meu pai! (*para Aniceto*) Esconda-se!

JOSÉ

Pior é essa!

ANSELMO

(*ao mesmo tempo*)

Mau vai ela!

ANICETO

(*ao mesmo tempo*)

Estou arranjado! (*as três dirigem-se para a porta da direita, e aí encontrando-se, gritam assustadas e saem apressadas*)

JOSÉ

(*à parte, assustado*)

O que é lá isso?

ANSELMO

(*à parte, assustado*)

Desanda tudo em muita pancadaria...

ANICETO

(*à parte, assustado*)

Não saio daqui com vida! (*procuram todos os três no escuro onde esconderem. Anselmo esconde-se no mesmo lugar aonde já esteve. Aniceto, encontrando-se com a mesa, à parte*) Meto-me aqui debaixo. (*esconde-se debaixo da mesa*)

JOSÉ

(*caindo na caixa*)

Ai, uma caixa! Se estiver vazia... (*abre e verifica*) Belo! Meto-me dentro. (*mete-se dentro da caixa*)

Cena XVI

Entra o CIGANO *e depois* GREGÓRIO.

CIGANO

Como está escuro! (*dirige-se para a cômoda, toma de cima uma caixinha de fósforo e acende a vela*) Gregório não estava em casa; falar-lhe-ei amanhã. São horas de me ir deitar. Fechemos a porta; podem-me dar os ladrões em casa e (*rindo-se*) ladrão que rouba a ladrão... (*vai a fechar a porta, e aparece Gregório, seguido de um preto*) Oh! Agora mesmo venho de tua casa.

GREGÓRIO

Tinha saído. (*para o negro*) Entra.

CIGANO

O que é isto? (*apontando para o negro*)

GREGÓRIO

(*à parte, para o cigano*)

É dos nossos.

CIGANO

Ah! (*para o negro*) Vem cá para dentro.

GREGÓRIO

(*para o cigano*)

Espera; ele ainda não está muito resolvido. Há uma hora apenas que lhe falei na venda e lhe paguei a pinga. É preciso persuadi-lo. (*durante toda esta cena, os três que estão escondidos espreitam os que estão em cena*) Vem cá, filho.

NEGRO

Sim sinhô.

GREGÓRIO

Teu senhor é muito mau?

NEGRO

Não é muito, não sinhô.

GREGÓRIO

Deixa-te disso; é muito. Um rapaz como tu deve ser bem tratado.

NEGRO

Sinhô?

GREGÓRIO

Boa roupa... Esta que trazes é uma vergonha! Boa comida... Estás magro!

CIGANO

E nada de chicote!

NEGRO

Sinhô às vezes dá chicote.

GREGÓRIO

Está! Não te digo eu que ele é mau?

CIGANO

Um rapaz como tu, apanhar?

GREGÓRIO

Queres viver sem apanhar?

NEGRO

Quero, sim sinhô.

CIGANO

Sempre bem vestido, boa roupa...

NEGRO

Quero, sim sinhô.

GREGÓRIO

Boa papança, aguardente à farta...

NEGRO

Quero, quero sim sinhô, meu branco.

CIGANO

Queres ficar forro?

NEGRO

(*com exaltação*)

Forro, meu branco? Quero ficar forro! Antônio faz tudo...

GREGÓRIO

Pois bem, escuta. Tu vais para Minas com um homem; chegando lá trabalhas só oito dias, depois ficas forro.

NEGRO

Oh! (*para Gregório*) É verdade, meu branco?

CIGANO

Mais que verdade.

GREGÓRIO

Em Minas os pretos forros não precisam trabalhar para viver. Há muito dinheiro pelo chão... Então, queres ir?

NEGRO

Sim sinhô; já!

GREGÓRIO

(*para o cigano*)

Está resolvido. (*para o negro*) Está bem, irás. Tenho pena de ti.

CIGANO

(*para o negro*)

Vem cá, ficarás neste quarto até que possas partir. (*leva o negro para o segundo quarto à direita*)

GREGÓRIO

(*só*)

Forte tolo! Muito burros são estes negros; vão se deixando enganar com uma facilidade que admira. Meia dúzia de promessas, e ei-los prontos para tudo... Este podemos vender por seiscentos a oitocentos mil para serra acima, e depois que lá se avenha com o senhor e com a alforria... Ah, ah, ah! Alforria! Que logro que levam!

CIGANO

(*entrando*)

Este está seguro.

GREGÓRIO

É preciso vendê-lo quanto antes.

CIGANO

Amanhã mesmo mando-o para Tabuaté (sic); há lá um sujeito que encomendou-me uma meia dúzia.

Aquela negrinha que apanhaste no Campo de Santana já lá foi – quinhentos mil-réis.

GREGÓRIO

Excelentemente. Vamos ao mais. Aquele contrabando de queijos londrinos que veio no paquete inglês desembarcou esta noite, e devemos ir esperá-lo na Praia dos Mineiros.

CIGANO

E se causarmos desconfianças a esta hora na praia?

GREGÓRIO

Cala-te, pateta, não sabes que eu sou malsim? Os que lá encontrarem-me, pensarão que estou cumprindo a minha obrigação, rondando a praia para evitar contrabando. Evitar contrabandos! Assim era eu tolo! Como se me chegasse para comer o que eu ganho no ofício! E demais, se me pilham, digo que os queijos são para o Ministro. Vem, vem, que são horas.

CIGANO

Vamos lá. Bom é comer por muitos carrinhos. (*assopra a vela*)

GREGÓRIO

Que diabo!

CIGANO

Dê cá a mão. Tenho muito medo a fogo. (*encaminham-se para a porta do fundo. O cigano tira a chave*) É preciso fechar a porta por fora. Levarei a chave. (*saem e fecham a porta por fora*)

Cena XVII

JOSÉ

(*abrindo a caixa, à parte*)

Enfim, deixou...

ANICETO

(*saindo de baixo da mesa e à parte*)

Estou senhor da casa!

ANSELMO

(*saindo de trás da cômoda e à parte*)

Se me safo desta, não me meto noutra!

ANICETO

(*à parte*)

É preciso ver modo de livrar-me desta...

JOSÉ

Todo eu sou lingüiça...

ANSELMO

Fecharam a porta. Se pudesse saltar pela janela...

ANICETO

Se eu encontro a porta do corredor, fujo pelo quintal.

ANSELMO

Não há remédio senão arrombar a fechadura.

José

Desta estou pilhado. (*José levanta na mão a lingüiça, como para não se esbarrar no escuro, e caminhando, dá com ela na cara de Aniceto. José, pensando que se esbarra com um cão*) Passa fora!

Aniceto

(*assustado*)

Quem é?

José

(*assustado*)

Misericórdia!

Anselmo

Temos mais gente.

José

(*caindo de joelhos*)

Não me mate!

Aniceto

Quem sois?

José

Um pobre diabo; não me mate!

Aniceto

Que vos trouxe aqui?

José

Eu confesso; foi o amor.

ANICETO

O amor?

ANSELMO

O amor? Bravo, isto está bom! Somos três.

ANICETO

Pois quê? Sereis meu rival?

JOSÉ

Seu rival? Pois não sois o dono da casa?

ANICETO

Qual dono! Dize, (*agarrando-o*) foi por ela que aqui vieste?

JOSÉ

Foi, sim. E que direito tem você?

ANICETO

Tenho todo. Briguemos.

JOSÉ

Pois briguemos.

ANICETO

Que arma trazes?

JOSÉ

Só estas lingüiças. (*Anselmo, pelo som das vozes, estende uma chicotada, que pilha a ambos*)

ANICETO

Ah, patife, traidor!

José
(*ao mesmo tempo*)
Ah, tratante, traidor! (*atracam-se*)

Anselmo
(*engrossando a voz*)
O que é lá isso? (*José e Aniceto recuam, assustados, um para a direita e outro para a esquerda; curvam-se e ficam imóveis*) Quem é que está em minha casa? Vai tudo para cadeia. São ladrões?

José
(*de joelhos*)
Meu senhorzinho, piedade!

Aniceto
(*de joelhos*)
Por quem é, misericórdia!

Anselmo
Hão de ir para cadeia! Tenho dito.

José
(*gemendo*)
Ai, ai!

Aniceto
(*gemendo*)
Que será de mim?

Anselmo
Marotos! Há muito tempo que os estou espreitando... Cadeia e forca!

Cena XVIII

Aparecem na porta Isabel, Bárbara *e* Silvéria, *trazendo esta uma vela acesa. Pára na porta, iluminando a cena.* Anselmo *desata a rir, vendo a figura dos dois; estes levantam espantados. As três riem-se*

José

Então, o que é isto?

Aniceto

Oh, somos três?

Anselmo
(*rindo-se*)

Isto está belo!

Isabel
(*adiantando-se*)

É preciso...

Anselmo
(*interrompendo-a*)

Espere lá! O que é preciso é entendermo-nos. Nós somos três, as senhoras são três. Até aí está direito; mas quem nos diz que uma não é de dois, ou mesmo de três?

José

Oh, com os diabos!

Aniceto
(*ao mesmo tempo*)

É verdade!

Anselmo

Entendamo-nos pois.

José

(*tomando Bárbara pela mão*)

A minha é esta.

Aniceto

(*ao mesmo tempo, tomando Silvéria pela mão*)

A minha é esta.

Anselmo

(*tomando Isabel pela mão*)

E a minha é esta.

Os três

Bravo!

Isabel

Mas agora…

Anselmo

(*interrompendo-a*)

Estamos concordes.

Isabel

Escutem-me…

José

Abraço geral! (*os três abraçam as três*)

Isabel

Nós nos iremos embora, se assim continuam.

SILVÉRIA

Podem nos perder.

BÁRBARA

Meu pai não tarda e pode nos encontrar aqui.

ISABEL

Saiam quanto antes, e até outro dia.

ANICETO

Mas por onde?

ISABEL

Pela porta.

OS TRÊS

Está fechada.

AS TRÊS

Fechada?

ANSELMO

E teu velho levou a chave.

ISABEL

Meu Deus!

BÁRBARA

(*ao mesmo tempo*)

Como há de ser?

SILVÉRIA

(*ao mesmo tempo*)

E agora?

Anselmo

Agora, é escondermo-nos, que ouço bulha na fechadura.

As três

É meu pai que abre a porta; escondam-se! (*correm para dentro, levando a vela. Os três escondem-se nos mesmos lugares*)

Cena XIX

Entra o Cigano *e* Malsim. *O* Cigano *acende a vela com fósforo.*

Cigano

Desta ficamos mamados. O escaler da Alfândega atrapalhou tudo. Ainda foi bom termos aviso no caminho para não levarmos a maçada de espera na praia.

Malsim

Há guardas na Alfândega que são os diabos; deram-lhes para ser honrados.

Cigano

Pois que comam da honra!

Malsim

O diabo que lhes aperte a cabeça! Não deixam passar o mais pequeno contrabando.

CIGANO

O que vale é que eles são muitos, e nem todos pensam do mesmo modo.

MALSIM

Ainda bem!

CIGANO

O que se não faz dia de Santa Luzia, faz-se no outro dia.

MALSIM

Homem, não fales em Santa Luzia!

CIGANO

Por quê? (*Malsim fala-lhe ao ouvido*)

MALSIM

Psiu!

CIGANO

Tem razão. Caluda!

Cena XX

Entra TOMÉ, *assustado.*

TOMÉ

(*entrando*)

Estamos perdidos! Perdidos!

CIGANO

O que aconteceu?

GREGÓRIO

O que foi?

TOMÉ

Minha casa está cercada pela polícia! Pilharam o negro que desencaminhou o baú e ele confessou tudo. Estamos perdidos!

GREGÓRIO

Misericórdia!

CIGANO

E apesar do cerco, pudeste sair de casa?

TOMÉ

Eu não estava em casa; ia a entrar, quando a vi cercada pelos soldados permanentes, e corri para cá. Ai, ai!

GREGÓRIO

O que havemos fazer, se nos descobrem?

CIGANO

Prudência! Não tem lá na venda objeto suspeito?

TOMÉ

Não, tudo tenho trazido para cá.

CIGANO

Bom, isto pode salvar-te.

GREGÓRIO

Mas se eles cá vierem?

TOMÉ

Ai, meu amigo! (*abraça, estreitamente a Gregório. O cigano vai ao fundo espreitar e fechar a porta*)

GREGÓRIO

(*abraçando Tomé*)

Meu caro amigo!

TOMÉ

Estamos perdidos!

GREGÓRIO

Desgraçadamente!

TOMÉ

(*chorando*)

Acabaremos nossa vida na cadeia! Ah, ah!

GREGÓRIO

(*chorando*)

A nossa mocidade tão esperançosa! Ah, ah!

TOMÉ

(*no mesmo*)

E isto em tempo de festa, que o negócio corre tão bem! Ah, ah!

GREGÓRIO

(*no mesmo*)

Agora que há tantos navios à descarga e pode-se fazer tão belo contrabando! Ah, ah!

CIGANO

Basta de lamentações! Tratemos de prevenir o mal. Ainda é duvidoso que eles cá venham. Denúncia não pode haver, e nada encontrando em tua casa que te crimine... (*aqui sai do quarto o preto, como se dirigindo para a porta de saída*)

TOMÉ

(*dando um pulo e grito de assustado*)

Ai!

GREGÓRIO

(*assustando-se com o grito*)

Ai!

CIGANO

O que é?

TOMÉ

(*apontando para o negro, sem olhar*)

Já deram conosco! Ali está um soldado!

CIGANO

Poltrões! Não vêem que aquilo é um preto? (*para o preto*) Anda cá. (*para os dois*) Estão vendo?

TOMÉ

(*para o negro, que fica aterrorizado vendo-o*)

Que fazes aqui?

GREGÓRIO

(*para Tomé*)

Fui eu que o trouxe.

TOMÉ

Como assim?

GREGÓRIO

Seduzi-o na venda e íamos vendê-lo.

CIGANO

E o dinheiro será repartido.

TOMÉ

Vendê-lo?

CIGANO

Sim. Então, de que te espantas?

TOMÉ

Grandessíssimos ladrões! Este negro é meu escravo.

CIGANO *e* GREGÓRIO

Seu escravo?

TOMÉ

Ah, tratantes! Corja! Cambada de ladrões! Venderem meu escravo! Com que súcia infame meti-me eu! Então não acharam mais que roubar, senão o meu escravo? Mas deixa estar, Cigano, que me hei de regalar de te ver dançando na forca.

CIGANO

Basta de gritos por um negro, e trata de ti, que não tardam os soldados.

TOMÉ

Os soldados? Deixá-los vir! Agora estou eu bem; em casa não há nada que me acuse, e direi que para aqui vim em procura do meu escravo furtado. E veremos...

GREGÓRIO

Eu te acusarei.

TOMÉ

Quem crê em ladrões?

CIGANO

Se eu me perder, perder-te-ás comigo.

TOMÉ

Sou um homem estabelecido, e tu és um cigano. Acusadores para ti aparecerão aos centos, e para mim, nem um! (*aqui vê José, que tendo levantado a tampa da caixa, espreita, e aterrorizado corre e agarra-se com o cigano, apontando para a caixa e sem poder falar, de susto*)

CIGANO

O que é isto? De que se assusta? O que viu? Espere, homem, não me deite no chão! (*Tomé, seguro sempre no cigano, leva-o, recuando, até a extremidade direita do teatro*)

GREGÓRIO

(*rindo-se*)

Está maluco! Ah, ah! Espantou-se do que disse! Ah, ah, ah! (*Gregório vê a cara de Aniceto, que, ten-*

do levantado o pano que cobre a mesa, espreita. E, aterrorizado como Tomé, corre e agarra-se também com o cigano) Ai!

CIGANO

Mas esta! Que diabo têm vocês? Falem, ou eu...

TOMÉ

Ali dentro, na caixa...

GREGÓRIO

Debaixo da mesa...

CIGANO

Mas o quê?

AMBOS

Um homem!

CIGANO

Um homem? Estamos traídos! Deixai-me!

TOMÉ

(*para o negro*)

Antônio, abre a caixa. (*Antônio abre a caixa, ao mesmo tempo que o cigano levanta o pano da mesa*)

NEGRO

Eh, eh, eh! Um branco!

CIGANO

Quem é o senhor? (*José sai da caixa e Aniceto de baixo da mesa*)

TOMÉ *e* GREGÓRIO

São dois!

CIGANO

Quem são os senhores?

JOSÉ

Nós? (*à parte, para Aniceto*) O melhor é safarmo-nos. (*correm para a porta. O cigano toma-lhes a dianteira e fica em frente da porta do fundo, e tira do bolso da casaca duas pistolas e aponta-as*)

CIGANO

Oh, assim não escaparão. (*os dois voltam para a frente*) Que vieram fazer à minha casa? Espiar? Caro lhes custará! Respondam! O que vieram fazer? (*aqui Anselmo, que vê os apuros dos dois companheiros, sai de trás da cômoda e, sem ser visto, aproxima-se do cigano, e travando-lhe dos braços por detrás, desarma-o*) Traição! (*agarra-se com Anselmo, e diz para os outros*) Não os deixem fugir! (*Tomé atira-se a Aniceto e atraca-se com ele; Gregório faz a mesmo com José, e lutam todos, gritando e a rolar pelo chão. O negro salta de contente, batendo palmas, enquanto lutam. Ao ruído que fazem, acodem as três filhas*)

Cena XXI

ISABEL

Que bulha é esta? Meu Deus! Meu pai a brigar? (*Isabel chega-se para o pai*) Meu pai!

Silvéria

(*chega-se para Gregório*)

Senhor Gregório!

Bárbara

(*chega-se para Tomé*)

Senhor Tomé! (*José desprende-se de Tomé e, levantando-se, corre e sai; o mesmo faz Aniceto e Anselmo. Tomé e Gregório ficam deitados no chão. O cigano levanta-se e segue os três até a porta; ali chegando, volta*)

Cigano

Agora estamos perdidos! (*Tomé e Gregório assentam-se. As três moças grupam-se à direita*) Vão denunciar-nos. Ouviram e viram tudo! (*para as filhas*) Quem são estes homens?

As três

Não sei, não senhor.

Cigano

Não? Oh, sim, agora sei o que é! Eles são três, e vocês, três também... São vossos amantes. Desgraçadas, que fizestes? Perdestes a vosso pai!

As três

Senhor!

Cigano

Miseráveis, nem mais uma palavra! (*para Tomé e Gregório*) Levantem-se e fujamos, se ainda é possível. (*os dois levantam-se rapidamente, como movi-*

dos por uma mola) Salvemos alguma coisa para podermos viver. Acompanhem-me e tragam este caixão. (*sai pela direita, e Tomé e Gregório o acompanham levando o caixão*)

Cena XXII

ISABEL

Meu Deus, o que fizemos? (*chora*)

BÁRBARA

O que há de ser de nós? (*chora*)

SILVÉRIA

Meu pai será preso! (*chora*)

ISABEL

Está no que dão os namoros!

BÁRBARA

Quem nos mandou acolhê-los?

SILVÉRIA

Nós é que temos a culpa!

Cena XXIII

Entra o CIGANO *com uma mala às costas, e* GREGÓRIO *e* TOMÉ *carregam ambos um grande caixão.*

CIGANO

Levemos o mais precioso. (*para as filhas*) Vamos, saiam adiante!

ISABEL

Mas para onde, meu pai?

CIGANO

Para o inferno, se for preciso!

BÁRBARA

Sairmos a esta hora da noite?

CIGANO

Sim, a esta hora da noite, já que assim o quisestes, filhas ingratas. Traístes um pai que tanto vos amava!

SILVÉRIA

Senhor!

CIGANO

Marcha, ou cometo um atentado! Marcha! (*enquanto o cigano fala com as filhas, Gregório e Tomé, com o caixão à cabeça, ficam parados na cena e enxugam os olhos. Ao darem o primeiro passo para saírem, entram de roldão Anselmo, José, Aniceto, um subdelegado e soldados permanentes*)

ANSELMO

(*entrando*)

Aqui estão os ladrões! (*grito de terror dos que estão em cena. O cigano deixa cair a mala no chão e encruza os braços. Gregório e Tomé tremem de susto, conservando sempre o caixão à cabeça)*

SUBDELEGADO

Estão presos, entreguem-se! Quem é o dono da casa?

CIGANO

(*com calma*)

Sou eu!

SUBDELEGADO

E quem é o senhor?

CIGANO

Em juízo responderei.

ANSELMO

Eu lhe digo, Sr. Subdelegado. Este é um cigano, que vive de suas agências. Sabe Vossa Senhoria quais são as agências dos ciganos... Daqueles dois, um é o vendelhão, dono da taverna que Vossa Senhoria cercava – grande ladrão e acoitador de roubos.

TOMÉ

Não há tal, Sr. Juiz. Vossa Senhoria...

ANSELMO

E o outro, um malsim. O maior tratante que se tem visto.

GREGÓRIO

Isto é uma calúnia!

SUBDELEGADO

(*para os soldados*)

Conduzam estes homens. (*os soldados chegam-se para os três*)

TOMÉ

Por quem é, Vossa Senhoria, não sou culpado!

GREGÓRIO

Meu senhor!

CIGANO

(*com dignidade*)

Nada de lamentação ou resistência. Tudo é inútil. Sigamos ao senhor Subdelegado, que a inocência triunfará. (*para Anselmo, José, Aniceto, com raiva*) Algum dia tereis a paga; eu o prometo. (*para as filhas*) E vós, que tão indignamente atraiçoastes-me, livres vos deixo – nada quero ouvir. Serei preso e sofrerei; a vós o devo. Aqui estão vossos amantes; com eles vos deixo. Recebei seu carinho e amor, que de mim só tereis a maldição.

AS TRÊS

Ah!

CIGANO

Vamos. (*sai acompanhado dos soldados. Gregório e Tomé, sempre com o caixão à cabeça, chegam-se para as três*)

TOMÉ

As três fúrias eram três mulheres, três demônios que perderam o mundo inteiro. A mulher é a serpente, a traição, a calúnia! Sois a calúnia... Nem sei já o que digo. Ficai com a minha maldição! Vamos.

GREGÓRIO

Espera. Uma Eva só perdeu o mundo, e se houvesse três, perderiam o mundo, o sol e lua! Vós sois três... Leve o diabo a tripeça! Vamos. (*saem majestosamente, acompanhados dos soldados e subdelegado*)

ISABEL

Meu Deus! (*com desespero*)

ANSELMO

Isabel... (*indo para ela*)

BÁRBARA

Desgraçada de mim!

JOSÉ

Bárbara... (*indo para ela*)

SILVÉRIA

Que será de mim?

ANICETO

Silvéria... (*indo para ela. As três moças lançam-se nos braços dos amantes*)

ISABEL

Por tua causa estamos desemparadas! O amor nos perdeu! Meu Deus, meu Deus, amaldiçoada! Ah! (*desmaia nos braços de Anselmo*)

BÁRBARA *e* SILVÉRIA

Ah! (*caem desmaiadas nos braços dos amantes*)

ANSELMO

O que é isto, está a morrer?

JOSÉ

(*ao mesmo tempo*)

Oh, diabo, desmaiou!

ANICETO

(*ao mesmo tempo*)

Esta agora é melhor! (*os três procuram reanimá-las, ora chamando por seus nomes com carinho, ora soprando-lhe nas faces, sacudindo-as, esfregando-lhes a fronte, gritando por elas.* [*N.B.*] *Deixo esta cena à bem conhecida habilidade dos atores*)

ANSELMO

Ó amigos, a carga já me vai pesando!

JOSÉ

Tens muita razão; pesa que é o diabo!

ANICETO

Se antes de nos casarmos já é assim o que será ao depois?

ANSELMO

Casar-me? Já não estou muito resolvido.

JOSÉ

Nem eu.

ANICETO

No fim de tudo, são filhas de um ladrão.

ANSELMO

E para pano de amostra, basta-lhe o peso.

JOSÉ

Façamos retirada honrosa.

ANICETO

Dizes bem. (*conduzem as três moças e com dificuldade as assentam nas cadeiras, onde permanecem desmaiadas. Eles observam*)

ANSELMO

Estão que nem dão acordo de si.

JOSÉ

Faz pena; porém mais tenho eu de mim.

ANICETO

Coitadinhas, se o pai não fosse tão tratante...

JOSÉ

Estão imóveis... Tornam a si! (*aqui as três moças suspiram e movem-se*)

ANSELMO

Safemo-nos, enquanto é tempo! (*saem correndo pelo fundo e desce o pano*)

FIM

O CAIXEIRO DA TAVERNA

Comédia em 1 ato

[1845]

PERSONAGENS

MANUEL, *primeiro caixeiro*
ANGÉLICA, *dona da casa*
DEOLINDA, *costureira*
FRANCISCO, *oficial de latoeiro*
QUINTINO, *sargento de fuzileiros*
ANTÔNIO, *caixeiro*
JOSÉ, *caixeiro, personagem muda*

A cena passa-se na cidade do Rio de Janeiro, no ano de 1845.

ATO ÚNICO

(O teatro, na antecena, representa uma sala com portas laterais e duas no fundo, pelas quais se vê o interior de uma taverna com seu balcão, onde estará um caixeiro e mais arranjos necessários – tudo distribuído de modo tal, que fiquem bem à vista do espectador as pessoas de diferentes condições que entram na taverna durante a representação. De um e outro lado da sala, haverão (sic) algumas pipas, como é costume nas tavernas. No primeiro plano, à esquerda, uma escrivaninha apropriada ao lugar, etc.)

Cena I

Ao levantar do pano, MANUEL *estará sentado à escrivaninha, verificando contas.*

MANUEL

(continuando a somar)

... E 4 são 10, e 9, 19, e 7, 26, soma tudo... duzentos e sessenta e oito mil trezentos e vinte réis...

que deve o Sr. Laurindo da Costa à Viúva Pereira, por gêneros comprados em sua taverna durante cinco meses. Este é bom pagador, dinheiro seguro. (*pegando em outra conta*) O Major José Félix deve à Viúva Pereira, etc., cento e vinte e nove mil e oitocentos réis... Contem com este... dinheiro perdido... É isto, querem todos comer a boa manteiga, o queijo frescal, o gordo paio... É só mandar um bilhetinho: Sr. Manuel, mande-me isto; Sr. Manuel, mande-me aquilo; mas quando chega a ocasião de pagar as contas é que são elas. Este não paga, aquele desculpa-se, outro descompõe, quer dar no pobre cobrador... É um inferno!... Ora, deste pobre major tenho eu pena. Mal lhe chega o soldo para pagar casa e educar quatro filhos que tem; mas, bem pensado, a venda de minha ama não é montepio militar... A nação que pague! (*chamando*) Ó José? José?

Cena II

Entra um menino de doze anos, de calça e em mangas de camisa, calçado de tamancos e muito sujo.

MANUEL

Toma estas contas, vai cobrá-las. Os nomes aí estão. (*dá um maço de papéis*) Se algum dos devedores não quiser pagar, dize-lhe que o mandarei pôr no *Jornal do Comércio*. Anda, vai. (*o menino sai*) É o que se vê – tudo anda pingando. (*levantando-se*) É boa! Quem come, pague! E quem não pode pagar, não coma... Ó Sr. Antônio? Sr. Antônio?

ANTÔNIO
(*dentro*)

Senhor?

MANUEL

Chegue cá.

Cena III

MANUEL
(*a Antônio, que entra do mesmo modo que José*)

Chegou a pipa de aguardente que se foi buscar ao Trapiche da Ordem?

ANTÔNIO

Já, sim senhor.

MANUEL

Pois recolha-a, e logo à noite tempere-a com quatro barris de água.

ANTÔNIO

Sim senhor.

MANUEL

Os direitos cada vez estão mais subidos, e como não podemos encurtar as medidas, aumentemos o líquido... Em que estado estão aquelas pipas de vinho de Lisboa?

ANTÔNIO

Ambas pelo meio.

Manuel

Pois acabe de as encher com água fresca e bote-lhe dentro dois engaços de banana e uma porção de pau-campeche para lhe dar cor e tom; e quando o vender, diga aos fregueses que é vinho superior da Companhia do Alto-Douro.

Antônio

Sim senhor.

Manuel

E não se esqueça de pendurar à porta este letreiro. (*tira de sobre a carteira um rótulo com letras grandes, que digam:* ÚNICO DEPÓSITO DA COMPANHIA DO ALTO-DOURO) O público deixa se levar por estas imposturas. Pode ir. (*Antônio sai com o rótulo*)

Cena IV

Manuel *e depois* Francisco

Manuel

Estou fatigado! Muito custa dirigir-se uma venda bem afreguesada como esta. Mas, ah, se eu dela fosse dono, outro galo cantaria... Há seis anos que cheguei do Porto e ainda sou caixeiro. Não pensei, quando vim para o Brasil, que fizesse fortuna tão devagar. É verdade que sou primeiro caixeiro da taverna da viúva de meu amo, mas o que é isto para mim? Para mim, que sou ambicioso? Sim, uma ambição roedora me estraga a alma, dorme e acorda comigo, não me deixa um só instante tranqüilo; traz-me em delírio, confunde-me as idéias. Ah, quantas vezes tenho eu vendido aguardente de França por aguardente do Reino, lingüiças por paios e cebolas por alhos! Ambição, horrível martírio, quando te verei eu satisfeita? (*entra Francisco*)

FRANCISCO

Adeus, Manuel.

MANUEL

Como estás, Chico?

FRANCISCO

Vamos remando contra a maré.

MANUEL

Chico, tu és bem feliz!

FRANCISCO

Eu? estás enganado; no mundo não se pode ser feliz sem dinheiro, e eu não o tenho.

MANUEL

Trabalha e terás.

FRANCISCO

Trabalha! Sou, como bem sabes, oficial de latoeiro, e já por muitas vezes te tenho dito o que presentemente ganha um oficial de latoeiro. Olha, Manuel, minha avó dizia que no tempo dos vice-reis e mesmo no tempo de el-rei, qualquer que tivesse um ofício ganhava a vida e ainda ajuntava dinheiro. Agora o caso é outro.

MANUEL

Deixa-te disso.

FRANCISCO

Ora, dize-me, o que pode fazer um pobre latoeiro do país, quando a Rua do Ouvidor está cheia de latoeiros e lampistas franceses? Meu caro, se não fossem as seringas que fazemos para os moleques brincarem o entrudo, não sei o que seria de nós.

MANUEL

Se vocês trabalhassem tão bem como eles...

FRANCISCO

É um engano, é uma mania, e todos vão com ela; é obra estrangeira, e basta! Não se vê por esta cidade senão alfaiates franceses, dentistas americanos, maquinistas ingleses, médicos alemães, relojoeiros suíços, cabeleireiros franceses, estrangeiros de todas as seis partes do mundo. E resistam os artistas do país, se são capazes, a essa torrente! Porém meu pai é que é o culpado de estar eu hoje como estou.

MANUEL

Como assim?

FRANCISCO

Em lugar de ensinar-me o seu ofício, como ensinou-me, podia ter me mandado para S. Paulo estudar leis. Bem podia estar deputado.

MANUEL

Ah, ah, ah! Deste modo podemos ser tudo...

FRANCISCO

Manuel, tu és filho de Portugal e não estás bem ao fato da nossa Constituição. Ela diz: *A lei é igual para todos*. Isto quer dizer que todos podem ser tudo.

MANUEL

Ah, entendes assim?

FRANCISCO

No talento é que está a diferença. O homem de talento pode ser tudo quanto quiser, e tu bem sabes que eu tenho talento... Ainda ninguém pôde fazer, como eu, uma seringa de entrudo que esguiche água mais longe.

MANUEL

Ora, Chico! (*sorrindo-se*)

FRANCISCO

Olha, Manuel, não sei o que te diga; às vezes custa mais fazer-se uma seringa de esguicho do que certas leis.

MANUEL

Estás hoje pregador.

FRANCISCO

Estou zangado; tu és feliz.

MANUEL

Feliz?

Francisco

Há oito meses que teu amo morreu e a viúva não poderia continuar com a taverna aberta sem o teu auxílio. Eras o único, como primeiro caixeiro, que sabia das transações do defunto.

Manuel

(*à parte e concentrado*)

E ainda sou caixeiro.

Francisco

Manuel, um negócio aqui me traz. És meu amigo, devo comunicar-to, até porque és nele interessado.

Manuel

Interessado? E como?

Francisco

Estou resolvido a casar-me.

Manuel

Queres me dar interesse no teu casamento?

Francisco

Não. A mulher escolhida por mim é tua ama.

Manuel

Minha ama?

Francisco

Ela mesma, e tenho razões para supor que lhe não sou indiferente.

MANUEL

(*pegando-lhe no braço*)

Chico, és meu amigo?

FRANCISCO

Duvidas? Experimenta.

MANUEL

Desiste desse casamento.

FRANCISCO

Que eu desista? E por quê?

MANUEL

Por quê? Não te posso dizer.

FRANCISCO

Percebo... Queres te casar com ela. Pois bem, mostrarei que sou teu amigo. Casa-te; tens mais direito do que eu... ja estás em casa.

MANUEL

(*abraçando-o*)

Obrigado, amigo.

FRANCISCO

Pois bem, casar-me-ei com a nossa vizinha Deolinda.

MANUEL

Chico, tu não te casarás com Deolinda!

FRANCISCO

Hem?

Manuel

Digo-te que não casarás com ela.

Francisco

Essa agora é melhor! E por que não me casarei?

Manuel

A Deolinda já está casada.

Francisco

Casada? E com quem?

Manuel

(*em voz baixa*)

Comigo.

Francisco

Contigo? Mas que diabo de trapalhada é essa? És casado e queres casar?

Manuel

Chico, olha atentamente para mim.

Francisco

Estou olhando.

Manuel

Vês em mim um homem profundamente ambicioso…

Francisco

Tu?

MANUEL

Sim, eu! E de uma ambição tão frenética, que me levará à sepultura se a não vejo realizada... De uma ambição ambiciosa!

FRANCISCO

Tu me assustas! Acaso queres ser major da Guarda Nacional?

MANUEL

(*com desprezo*)

Não.

FRANCISCO

Chefe de legião?

MANUEL

Não.

FRANCISCO

Tenente-general?

MANUEL

Não.

FRANCISCO

Conde? Marquês? Ministro?

MANUEL

Não.

FRANCISCO

Manuel, Manuel, que queres tu ser?

MANUEL

(*com mistério*)

Sócio de minha ama!

FRANCISCO

(*rindo-se*)

Ah, ah! E só isso?

MANUEL

Só, dizes tu? E que felicidade pode haver no mundo maior para mim? Ah, não sabes que satisfação será a minha, quando escrever em uma conta: Fulano deve a Manuel Pacheco e Viúva Pereira a quantia de tanto, por gêneros comprados em sua venda. Sua, amigo, sua! Ela será também minha!

FRANCISCO

Enfim, cada um tem lá ambição a seu modo.

MANUEL

E ainda sou caixeiro! Caixeiro! Sabes tu o que é um caixeiro? É um traste que paga imposto à Câmara Municipal, como qualquer carruagem ou burro.

FRANCISCO

Mas não vejo por que não queres que eu case com tua ama.

MANUEL

Não vês?

FRANCISCO

Logo que estiver casado, prometo dar-te sociedade.

Manuel

Sabes tu se ela te ama?

Francisco

Julgo que não lhe sou indiferente.

Manuel

Pois digo-te eu que ela não te ama, porque ama-me.

Francisco

A ti?

Manuel

Sim, e de uma maneira desesperada e danada. Amigo, Deus te guarde de amor de mulher velha; é pior do que carrapato em orelha de burro. Compreendes agora a minha posição?

Francisco

Ainda não muito bem.

Manuel

Por amor – maldito amor! –, casei-me em segredo com Deolinda; nem o seu próprio irmão, o Sargento Quintino, o sabe. Pensa agora o que será de mim, se minha ama desconfiar que a desprezei por causa de outra mulher... Raivosa, expulsar-me-á desta casa e minhas esperanças serão malogradas. É preciso enganá-la até o dia em que assinarmos a escritura de sociedade.

Angélica
(*dentro*)

Manuel?

Manuel

Ela que me chama! Vai-te embora!

Francisco

Adeus e estimo que sejas bem-sucedido.

Manuel

Nem palavra...

Francisco

Fica descansado. (*sai*)

Cena V

Manuel *e depois* Angélica

Manuel

Ela aí vem. Estou frio! Ai, que bocado amargoso! Ei-la.

Angélica
(*entrando*)

Manuel?

Manuel

Senhora minha ama?

Angélica

Ah, já estava inquieta...

Manuel

Oh, isso é bondade de minha ama. Trabalhava.

Angélica

Não quero que trabalhes tanto, que podes adoecer. Far-me-ias muita falta.

Manuel

Ninguém faz falta.

Angélica

As pessoas como tu fazem sempre falta.

Manuel

(*à parte*)

Temo-la!

Angélica

Não se encontram muitos caixeiros como tu.

Manuel

Oh, minha ama, dá licença que vá ver aquilo lá pelo balcão como vai.

Angélica

Espera! Tens sempre tanta pressa quando falo contigo...

Manuel

Acudir às minhas obrigações.

Angélica

Já te disse que não quero que te mates. Não acharei outra pessoa com as tuas qualidades.

MANUEL

Oh, minha ama, não mereço.

ANGÉLICA

Mereces tudo. A experiência do mundo tem-me feito conhecer os homens.

MANUEL

(*à parte*)

Que tal a experiência?

ANGÉLICA

É todo o meu cuidado zelar a tua saúde.

MANUEL

Tanta bondade!

ANGÉLICA

(*suspirando e olhando para ele*)

Ai, ai!

MANUEL

Minha ama, sente alguma dor?

ANGÉLICA

Não.

MANUEL

(*à parte*)

O caso está mau.

ANGÉLICA

Manuel, uma coisa te quero eu pedir.

MANUEL

É uma ordem que recebo.

ANGÉLICA

Espero que não freqüentes certas ruas desta cidade e que, sobretudo, não arranches para essas patuscadas dos domingos, que fazem os caixeiros no Jardim Botânico, nos canos da Carioca e nas Paineiras. Tens visto o resultado.

MANUEL

Nunca gostei desses pagodes.

ANGÉLICA

Nem deves do mesmo modo freqüentar os bailes mascarados.

MANUEL

Bailes? Não sei dançar.

ANGÉLICA

Manuel, nos bailes mascarados não se dança, joga-se! Dever-se-iam antes chamar jogos mascarados, ou outro nome que eu não quero dizer. Aí é que a perdição é certa... E o jogo tem levado muita gente boa à forca; vê lá se queres também...

MANUEL

Morrer enforcado? Nada!

ANGÉLICA

Tu morreres? Ah! (*chegando-se para ele*) O que seria de mim, quero dizer, da minha venda, Manuel?

Não fales em morrer. (*pegando-lhe na mão*) Eu te seguiria...

MANUEL
(*à parte*)
Oh, homem, até depois de morto!

ANGÉLICA
(*caindo em si, à parte*)
Ia traindo-me! (*alto*) Digo-te isto, porque se me faltares, o meu negócio vai por água abaixo.

Cena VI

MANUEL, ANGÉLICA e QUINTINO *com farda de sargento de fuzileiros*

QUINTINO
(*entrando*)
Licença.

MANUEL
(*à parte*)
Abençoada visita!

ANGÉLICA
Quem é?

QUINTINO
Um criado.

Manuel

(*reconhecendo-o e à parte*)

Oh, diabo, é o irmão de minha mulher e meu cunhado sem o saber!

Angélica

Deseja alguma coisa?

Quintino

Dois dedos de conversa ali com o Sr. ...

Manuel

Comigo?

Quintino

Sim senhor.

Manuel

Pois vamos cá para fora.

Angélica

Espera, Manuel, onde vais?

Quintino

Podemos falar aqui mesmo.

Manuel

(*à parte*)

Eu tremo...

Quintino

(*pondo a barretina à cabeça, de lado*)

Dizem neste quarteirão que o senhor namora minha irmã.

MANUEL

Não há tal.

ANGÉLICA

Como é lá isso?

MANUEL

(*à parte*)

Estou arranjado...

QUINTINO

Foi a primeira notícia que hoje tive, assim que cheguei da Praia Vermelha. O sapateiro da esquina disse-me...

ANGÉLICA

(*enfurecida*)

Como é isto, Manuel?

MANUEL

O senhor está enganado. (*para Angélica*) Não sabe o que diz, está bêbado.

QUINTINO

O sapateiro da esquina disse-me que o viu entrar ontem à noite lá.

ANGÉLICA

Entrar lá?

MANUEL

E o que prova isso?

ANGÉLICA

O que prova? E esta!...

MANUEL

Sua irmã não cose para fora?

QUINTINO

Cose, sim senhor, e com muita honestidade.

MANUEL

Pois então? Mandei fazer por ela umas camisas e fui ontem ver se estavam prontas; se quiser, vá perguntar-lhe.

QUINTINO

Se foi só por isso, o caso é outro...

MANUEL

E por que mais havia ser? Importo-me cá com sua irmã? O que tenho eu com sua irmã? Faço lá caso dela? (*à parte*) E não me quer deitar a perder?

ANGÉLICA

Manuel!

MANUEL

Deixe-me.

QUINTINO

Está bom, homem.

ANGÉLICA

Manuel!

Manuel

Estou zangado! Assim se desacredita ao homem de bem.

Quintino

Em uma palavra, não a namora?

Manuel

Vá-se com todos os diabos você, sua irmã e toda a sua parentalha.

Quintino

Mais respeito!

Manuel

Pois não me esquente a cabeça! Ora, não tenho eu mais que fazer! Deixar de cuidar nos interesses de minha boa ama, para namorar sua irmã. Era o que me faltava... Diga ao sapateiro que vá conversar com os defuntos. Irra!

Quintino

Basta. Como não se importa com ela ...

Manuel

Nem com você, sô barbaças!

Quintino

(*puxando da espada*)

Barbaças? (*Manuel corre para trás de Angélica*)

Angélica

(*para Quintino*)

Senhor!

QUINTINO

Barbaças? Eu te ensinarei.

ANGÉLICA

Senhor sargento...

QUINTINO

Deixe-me sangrá-lo.

MANUEL

(*à parte*)

Quer fazer a irmã viúva...

ANGÉLICA

(*para Quintino*)

Tranqüilize-se, embainhe essa espada.

QUINTINO

(*para Manuel*)

Já eu te rezava por alma. Respeito as senhoras; é o que te salva.

MANUEL

(*à parte*)

Belo cunhado!

ANGÉLICA

O senhor sargento pode ficar descansado; o Sr. Manuel, meu primeiro caixeiro, não é capaz de desinquietar sua irmã.

MANUEL

Que dúvida!

Angélica

Tem outras coisas em que cuidar.

Manuel

Sim, tenho outras muitas coisas. (*assim dizendo, pega na mão de Angélica e beija*)

Angélica

Ah! (*pondo a mão sobre o coração*)

Quintino

Muito estimo, porque tenho cá certas vistas a seu respeito... Quero casá-la...

Manuel

(*à parte*)

Casar minha mulher!

Quintino

(*continuando*)

...com o alferes de minha companhia.

Manuel

Casá-la com o alferes?

Quintino

Sim. E tem que dizer?

Manuel

Casá-la!

Angélica

E o que tens tu com isto?

Manuel

(*constrangendo-se*)

Nada, nada! (*à parte*) E então? (*alto*) Pode casá-la com quem quiser. (*à parte*) O diabo é se ela se esquece que está casada comigo...

Quintino

Meu menino, esta espada corta muito bem orelhas... E guarde-os Deus. (*sai*)

Cena VII

Manuel *e* Angélica

Manuel

Ora, aí está, como se bota um homem a perder. Vem o diabo de um Ferrabrás destes provocá-lo.

Angélica

É um desaforo!

Manuel

Se não fosse o respeito que tenho a esta casa, tinha-lhe atirado com aquela pipa à cabeça.

Angélica

Soldado de tarimba!

Manuel

Case lá a irmã com quem quiser.

ANGÉLICA

Mas tu te surpreendeste, quando ele disse que a ia casar com o alferes.

MANUEL

Foi surpresa de compaixão. Quem pode ver de sangue frio entregar uma pobre menina daquelas a um extravagante como é o alferes?

ANGÉLICA

É extravagante?

MANUEL

Xi, como não faz idéia! Já foi coronel, e por causa de sua má cabeça tem descido de postos; breve estará soldado raso. Mas deixá-lo…

ANGÉLICA

Assim o querem, assim o tenham. Tratemos de nós.

MANUEL
(*à parte*)

Ai!

ANGÉLICA

Manuel, eu estou resolvida a dar sociedade nesta minha venda a certa pessoa…

MANUEL
(*à parte*)

Meu Deus!

Angélica

Uma mulher, por si só, pouco representa. Que dizes do meu projeto?

Manuel

Que só resta-me sair desta casa.

Angélica

Sair de minha casa?

Manuel

Enquanto sois dela única senhora, sirvo com prazer; mas quando tiverdes um sócio, um homem estranho, não posso, não devo.

Angélica

(*sorrindo-se*)

Não sejas tão precipitado; espera um instante. Eu vou lá dentro escrever um papel; não te digo mais nada... Lerás... Espera, Manuelinho, espera; lerás... (*sai*)

Cena VIII

Manuel, *só, e depois* Deolinda

Manuel

Será possível? Ouviram bem meus ouvidos suas palavras? Espera, Manuelinho, espera e lerás. Ó dita! Ó fortuna! Serei sócio! Sócio! Oh, o prazer sufoca-me; daqui a uma hora já não serei caixeiro; vou andar de cabeça levantada, orgulhoso, ufano... Sócio!

Palavra mágica! Ninguém, ninguém no mundo perturbará a minha felicidade.

DEOLINDA
(*entrando*)

Manuel?

MANUEL

Oh, que havia me esquecido de minha mulher!

DEOLINDA

Ouve...

MANUEL

Vai-te embora!

DEOLINDA

Hem?

MANUEL
(*empurrando-a*)

Vai-te embora, vai-te embora, diabo!

DEOLINDA

Assim me recebes? Queres que me vá?

MANUEL

Sim, sim.

DEOLINDA

Sabes que mais? Isto assim não pode durar... É preciso que declares o nosso casamento.

MANUEL
(*com cólera e falando baixo*)
Desgraçada, cala-te, cala-te!

DEOLINDA
Se és meu marido...

MANUEL
(*tapando-lhe a boca com a mão*)
Cala-te, ou meto-te esta mão pela boca dentro.

DEOLINDA
(*chorando alto*)
Hi! hi! hi!

MANUEL
(*raivoso e falando entre os dentes*)
Olha que te mato!

DEOLINDA
Hi! hi! hi!

MANUEL
(*na maior aflição*)
Se minha ama chega, estou arranjado! (*raivoso*) Mulher! (*indo espiar à porta*) Hoje me perco! Ainda estará escrevendo? (*com ternura*) Deolinda...

DEOLINDA
Hi! hi! hi!

MANUEL
Deolinda, não chores, tem compaixão de teu marido, que tanto te ama.

Deolinda

Deixe-me! Hi! hi! hi!

Manuel

(*à parte*)

Se a velha chega... (*para Deolinda*) Amanhã ou depois tudo declararei, mas hoje, oh!

Deolinda

E até lá, meu irmão estará maltratando-me e atrapalhando-me para que eu me case com o alferes.

Manuel

Mas tu não te casarás!

Deolinda

Quem sabe!

Manuel

Quem sabe? Isso são graças? Vê lá...

Deolinda

Tenho muito medo de meu irmão, e demais, meu marido está tão misterioso... Não quer declarar-se...

Manuel

E julgas que não tenho razões para assim fazer? Deolinda, minha cara Deolinda, escuta-me. Minha ama quer dar-me sociedade nesta venda, mas se ela souber que estou casado, tudo desfará.

Deolinda

E por quê?

MANUEL

Ela julga que um homem casado não deve ter sociedade com outra mulher e nem pode dirigir com todo o cuidado uma casa como esta. A mulher, os filhos, a família... tomam tempo...

DEOLINDA

E logo que fores sócio...

MANUEL

Oh, então declarar-me-ei...

DEOLINDA

Bem, esperarei, visto que esse é o motivo.

MANUEL

E que outro poderia ser? Não és tu a minha querida mulher? Dá-me um abraço e vai-te embora. Dá-me. (*abre os braços para abraçar Deolinda. Angélica entra neste momento*)

Cena IX

ANGÉLICA *com um papel e os ditos*

ANGÉLICA

Manuel? (*Manuel, ouvindo a voz de Angélica, fica com os braços abertos, na ação de abraçar Deolinda*)

DEOLINDA

Ah!

ANGÉLICA

O que é isto? Com os braços abertos?

MANUEL

(*confuso*)

Estava mostrando o comprimento dos braços, para medida das camisas.

ANGÉLICA

Ah, a senhora é a Sra. Deolinda, que cose para fora e com muita honestidade?

DEOLINDA

Uma sua criada.

ANGÉLICA

E que vem em pessoa tomar medida aos fregueses... em suas próprias casas... e tudo com muita honestidade?...

MANUEL

(*à parte*)

Elas pegam-se! (*alto*) Minha ama!

DEOLINDA

Minha senhora, a honestidade guarda-se em toda a parte quando se é *honesta*; e quando não se é...

MANUEL

(*para Deolinda*)

Deolinda!

DEOLINDA
(*continuando*)

... mesmo sem que seja necessário sair-se de casa, praticam-se atos que envergonham...

ANGÉLICA

O quê?

MANUEL
(*para Deolinda*)

Cala-te!

DEOLINDA

... e dizem-se palavras indignas de uma senhora de *bem*...

ANGÉLICA

A menina fala comigo?

DEOLINDA

... e só próprias de uma vendelhona!

ANGÉLICA

Insolente!

MANUEL

Minha ama!

ANGÉLICA

Já desta porta para fora... Já!

DEOLINDA
(*com zombaria*)

Ofendi a duquesa?

Angélica
(*querendo ir sobre ela*)
Desavergonhada!

Manuel
(*retendo-a*)
Prudência!

Deolinda
Será ela...

Manuel
(*afastando-as*)
Prudência... Senhora minha ama! Sra. Deolinda!

Angélica
Deixa-me ensinar esta malcriada!

Deolinda
Malcriada será ela, velha de uma figa!

Angélica
Velha? (*Angélica e Deolinda forcejam para ir uma contra a outra*)

Manuel
(*para Deolinda, enganando-se*)
Senhora minha ama! (*para Angélica, do mesmo modo*) Deolinda! Diabo!...

Cena X

Francisco *e os ditos*

FRANCISCO

Então, o que temos?

MANUEL

Prudência, que aí vem gente.

FRANCISCO

Sra. D. Angélica... (*à parte, vendo Deolinda*) Deolinda por cá? Mau!

ANGÉLICA

Sr. Francisco, isto é um horror, um desaforo! O Sr. Manuel traz as suas costureiras – costureiras! – para casa e elas vêm insultarem-me.

MANUEL

Eu, senhora minha ama? Eu, Manuel Pacheco? Pois bem, hoje mesmo sairei desta casa.

ANGÉLICA

Saíres de minha casa?

MANUEL

Desconfiam de mim... Que faço aqui? Não faço nada. Vou-me, vou-me com cem mil milhões de diabos!

ANGÉLICA

Manuel!

MANUEL

Adeus, senhora.

Angélica
(*retendo-o*)

Não, tu não sairás... não posso... meu negócio não pode estar sem ti.

Manuel

Deixe-me!

Angélica

Não! Sr. Francisco, ajude a segurá-lo.

Francisco

Então, Manuel, o que é isto?

Deolinda

Desgraçada de mim! Ela o ama! (*vai a sair pelo fundo*)

Angélica

Manuel, Manuel, não me abandones...

Cena XI

Quintino *e os ditos*

Quintino
(*encontrando-se à porta com Deolinda*)

Espere lá.

Angélica

Quem é?

MANUEL
(*à parte*)
Meu cunhado...

FRANCISCO
(*à parte*)
Temos!...

QUINTINO
(*trazendo Deolinda para a frente*)
Preciso de uma explicação.

DEOLINDA
Deixa-me!

ANGÉLICA
(*para Quintino*)
Mas o que é isto, senhor?

MANUEL
Sim, o que é isto? Assim se entra por uma casa?

QUINTINO
(*para Deolinda, sem dar atenção aos mais*)
Não estavas em casa. Muitos estimo encontrar-te aqui. É preciso que todos me ouçam: Deolinda, disseram-me que tu te casaste ocultamente...

DEOLINDA
Eu?

MANUEL
(*à parte*)
Mau!

Angélica

Casada!

Quintino

Não procures enganar-me; estou bem informado.

Deolinda

Pois bem, confessarei: Sou casada.

Quintino

Ah, confessas?

Manuel

(*à parte*)

Estou perdido!

Francisco

(*à parte e ao mesmo tempo*)

No que dará isto?

Angélica

É possível?

Quintino

Agora quero saber quem é teu marido.

Deolinda

Ah, ainda não sabe? Pois então perguntas ali ao Sr. Manuel.

Manuel

A mim?

ANGÉLICA
(*ao mesmo tempo*)

A ele?

DEOLINDA

Sim; diga a meu irmão quem é meu marido.

MANUEL

Que eu diga?

ANGÉLICA

Que horrível desconfiança... E esta escritura? (*querendo rasgar o papel*)

MANUEL
(*pegando-lhe na mão*)

Espere!

DEOLINDA
(*à parte*)

O que ia eu fazendo?

MANUEL
(*para Quintino*)

Senhor sargento, eu queria guardar segredo, porque assim mo pediram; mas como o negócio está meio divulgado, falarei. Fui padrinho do casamento.

ANGÉLICA

Tu?

MANUEL

E assim, sei quem é o marido.

QUINTINO

E quem é?

MANUEL

O Sr. Francisco.

FRANCISCO

Hem?

DEOLINDA

O que diz?

ANGÉLICA

(*ao mesmo tempo*)

O Sr. Francisco?

QUINTINO

Ah, o senhor é meu cunhado?

FRANCISCO

Eu, senhor?

MANUEL

(*abraçando-se com Francisco*)

Amigo, perdoa se falei... (*à parte, para ele*) Salva-me, Chico, salva-me! (*alto*) O negócio estava meio sabido... (*à parte*) Salva-me, Chico... (*alto*) De que serviria ocultar mais tempo? (*à parte*) Dize que te casaste...

FRANCISCO

Mas, se tu...

MANUEL

Estás zangado porque falei. (*à parte*) Salva-me, Chico!

FRANCISCO

(*à parte*)

Tranqüiliza-te... (*alto*) Enfim, como já se sabe, que remédio?... Estou casado com a senhora... A senhora... é minha mulher... (*à parte*) já que assim quer seu marido...

ANGÉLICA

(*à parte*)

Aqui há mistério...

QUINTINO

O que está feito, está feito. Lograram-me. Cunhado, aperta esta manopla. Quisera antes que a Deolinda se casasse com o alferes; mas enfim, também és bom rapaz. Vou ao "Gradil" encomendar um jantar; há de haver bebedeira grossa. Com licença da companhia; volto. (*vai-se*)

MANUEL

(*à parte*)

Escapei de boas!

ANGÉLICA

Com que, o Sr. Francisco é casado!

FRANCISCO

O homem sacrifica-se, às vezes.

Angélica
(*para Manuel*)
E nunca me disseste nada.

Manuel
Segredo de um amigo.

Deolinda
(*à parte*)
Que papel faço eu aqui?

Angélica
(*à parte*)
Estou desconfiada; aqui engana-se alguém. Ah, se for a mim... (*alto*) Manuel, vem comigo; o Sr. Francisco quererá ficar só com sua mulher.

Manuel
Só, com ela!

Angélica
E o que tem isso?

Manuel
(*à parte*)
Pergunta o que tem... (*alto*) Nada, nada!

Angélica
Pois segue-me. (*à parte*) Há mistério!

Manuel
Eu vou. (*à parte, para Francisco*) Chico!... (*Angélica sai. Manuel acompanha Angélica, fazendo sinais para Francisco*)

Cena XII

FRANCISCO *e* DEOLINDA

FRANCISCO

Pobre Manuel, a quanto o obriga a ambição!

DEOLINDA

Belo marido tenho eu, que me entrega a outro.

FRANCISCO

Então, Sra. Deolinda, que me diz a esta? Deve-me estar agradecida; salvei seu marido.

DEOLINDA

Que marido! Envergonha-se de ter-me por mulher.

FRANCISCO

Não é vergonha, é medo.

DEOLINDA

Medo? Antes me tivesse casado com outro.

FRANCISCO

Não me quiseste a mim por marido...

DEOLINDA

Vou-me embora.

FRANCISCO

(*retendo-a*)

Espere.

Deolinda

Não posso mais estar aqui.

Francisco

Devagar, não comprometa seu marido.

Deolinda

Deixe-me.

Francisco

Sinto passos; aí vem ela. Dê-me um abraço. (*abraça-a*)

Deolinda

(*esforçando-se por sair de seus braços*)

Senhor!

Cena XIII

Os ditos, Angélica, *seguida de* Manuel *que traz algumas garrafas. Param à porta vendo* Francisco *abraçar* Deolinda.

Francisco

Não se espante. Isto é por conta dele. Abrace-me, que ela nos vê.

Deolinda

(*vendo Manuel*)

Ah, pois bem, abracemo-nos. (*abraça-o*) Assim me vingarei dele.

FRANCISCO

Bravo! (*abraçam-se*)

MANUEL

(*à porta*)

Isto não pode ser!...

ANGÉLICA

(*retendo-o*)

E que te importa que o Sr. Francisco abrace sua mulher?

MANUEL

É indecente!

ANGÉLICA

Deixa-os lá e vem comigo. (*vai atravessando a cena e sai. Manuel vai acompanhando Angélica*)

DEOLINDA

(*correndo e retendo Manuel no momento deste sair*)

Vem cá!

MANUEL

Traidora!

DEOLINDA

Ah, está zangado?

MANUEL

Abraçando-o!

DEOLINDA

Fiz muito bem; é para teu ensino.

FRANCISCO

Pateta, não vês que era para melhor enganar tua ama?

MANUEL

Ah, era para isso? Perdoa-me, Deolinda. Chico, pega nestas garrafas. (*dando-as a Francisco*) Se soubesses, Deolinda, o que tenho sofrido hoje!

FRANCISCO

Agora abracem-se.

MANUEL

Perdoa-me se te dei outro marido; era para nosso bem. Dá cá um abraço.

DEOLINDA

(*abraçando-o*)

Sou muito boa em perdoar-te! (*Francisco, enquanto os dois se abraçam, desarrolha uma garrafa e bebe*)

MANUEL

Minha mulherzinha, aperta!

Cena XIV

ANGÉLICA *e os ditos*

ANGÉLICA

(*da porta*)

Que escândalo! Que escândalo! (*Francisco, Manuel e Deolinda ficam espantados*) Assim deixa abraçar sua mulher? E vê isso bebendo? Que imoralidade! Que escândalo!

FRANCISCO

Foi por distração e sede.

MANUEL

É minha afilhada... Sou padrinho, e bem vê...

ANGÉLICA

Sim, é afilhada! (*para Francisco*) O senhor, pelo que vejo, não é ciumento... E a menina... Está bonito!

FRANCISCO

Entre amigos não deve haver ciúmes – e quando há confiança na amizade, bebe-se.

ANGÉLICA

E dorme-se... Tem razão. Mas olhe que há muita gente que assim se perde pela confiança que tem nos amigos... (*à parte*) Eu saberei como isto é. (*para Manuel*) Vai acabar de arrumar as garrafas.

MANUEL

(*à parte, para Francisco*)

Cuidado com a bicha. (*vai-se*)

ANGÉLICA

(*para Francisco*)

Tinha que lhe dar uma palavra... Mas ao senhor só.

FRANCISCO

Deolinda, vai me esperar lá em casa.

DEOLINDA

Eu vou. (*à parte, para Francisco*) Diga a Manuel que lá o espero. (*sai*)

Cena XV

ANGÉLICA *e* FRANCISCO, *e depois* MANUEL *e* QUINTINO

ANGÉLICA

(*à parte*)

Hei de saber como isto é... Empregarei um meio...

FRANCISCO

A Sra. D. Angélica está tão pensativa!

ANGÉLICA

E tenho motivos para isso. Sr. Francisco, é preciso que eu seja sincera com o senhor.

FRANCISCO

Há muito que isso desejo.

ANGÉLICA

O senhor tem me dado a entender que minha mão lhe seria agradável...

FRANCISCO

Senhora...

ANGÉLICA

Não tenho correspondido às suas finezas, porque, enfim... uma mulher vexa-se... Esperava poder confessar um dia esse segredo, mas ah, enganei-me, enganei-me!

FRANCISCO

D. Angélica!

ANGÉLICA

Foi uma zombaria! Eu, que o amava...

FRANCISCO

A mim?

ANGÉLICA

Sim, ingrato, a ti.

FRANCISCO

Oh! (*à parte*) O Manuel que se arranje como puder; eu falo.

ANGÉLICA

A mim, semelhante traição! A mim, que já havia feito esta escritura de casamento; vê ... Só o nome está em branco. O lugar era para o teu.

FRANCISCO

Dá-ma!

ANGÉLICA

Agora de nada serve. (*quer rasgar*)

Francisco

Não rasgue!

Angélica

Estás casado.

Francisco

Casado! (*à parte*) Leve o diabo o Manuel! (*alto*) Angélica, quem te disse que estava casado, mentiu.

Angélica

Mentiu?

Francisco

Eu não estou casado.

Angélica

Não estás casado? E quem é o marido de Deolinda?

Francisco

Não lhe posso dizer, mas juro-lhe que estou tão solteiro como quando nasci. Eis-me a seus pés! (*ajoelha*) Dê-me essa promessa.

Angélica

Levanta-te. (*Quintino aparece à porta do fundo e fica surpreendido, vendo Francisco aos pés de Angélica*)

Francisco

Não me levantarei enquanto não me der a sua palavra que me fará ditoso.

Quintino

O marido de minha irmã aos pés de outra mulher?

ANGÉLICA

Lá de fora podem ver-nos...

FRANCISCO

E que vejam! Não serei eu seu esposo? (*Manuel aparece à porta da direita e, vendo Francisco de joelhos, fica estupefato*)

ANGÉLICA

Talvez, mas levanta-te.

FRANCISCO

Não!

MANUEL

Muito bem, muito bem! Amigo falso!

FRANCISCO
(*levantando-se*)

Ai!

ANGÉLICA

Ah!

MANUEL

Muito bem!

FRANCISCO

Desculpa-me... Ela me ama e eu também a amo.

QUINTINO

(*que nesse tempo tem-se aproximado, segura a Francisco pela gola da jaqueta, dizendo*)

Ah! tu a amas? E minha irmã, tua mulher?

FRANCISCO

Ai!

QUINTINO

Assim a enganas, patife?

FRANCISCO

Sua irmã não é minha mulher.

QUINTINO

Negas?

ANGÉLICA

(*para Manuel*)

Quem é o marido?

MANUEL

Não sei. (*Angélica toma a Manuel pelo braço. Quintino faz o mesmo a Francisco. Todos falam ao mesmo tempo*)

ANGÉLICA

(*para Manuel*)

Quem é o marido? Para que me enganaste? Dize já, quero saber. Ah, não dizes? Eu me vingarei! Não dizes, porque tens medo? Ingrato, mal-agradecido; eu me vingarei, me vingarei.

MANUEL

(*para Angélica*)

Não sei... Posso lá saber quem é o marido de todas as mulheres? Disse o que me disseram; pode ser que me engane. Senhora minha ama, deixe-me, assim não nos entenderemos.

QUINTINO

(*para Francisco, a quem ameaça com a espada*)

Pensas que assim hás de mangar com o Sargento Quintino? Primeiro hei de tirar-te as tripas, pô-las ao sol. Enganar minha irmã! Tira as mãos... enfiote... mariola... tira as mãos!

FRANCISCO

(*esforçando-se para sair das mãos de Quintino*)

Deixe-me, não sou seu cunhado, já lhe disse. Ai, ai, não me mate! Ai, quem me acode? Juro que não é minha mulher! Ai, ai! (*todos acabam gritando*)

Cena final

ANTÔNIO *e* JOSÉ, *armados de achas de lenha,* DEOLINDA *e os ditos.*

ANTÔNIO

(*entrando*)

O que aconteceu?

DEOLINDA

O que é, Quintino?

ANTÔNIO

Senhora minha ama!

DEOLINDA

O que foi?

QUINTINO
(*para Deolinda*)

O que foi? Vim encontrar teu marido aos pés desta senhora.

DEOLINDA

Meu marido de joelhos a seus pés?

QUINTINO

Sim, dizendo que a amava.

DEOLINDA
(*indo para Manuel*)

Traidor!

MANUEL

Hem?

DEOLINDA

Assim é que me guardavas fidelidade?

ANGÉLICA

Ah!

QUINTINO

Olha que te enganas!

DEOLINDA

Não, não me engano; este é o meu marido.

QUINTINO

Seu marido?

Angélica
(*ao mesmo tempo*)

Seu marido?

Manuel
(*à parte*)

Ai, ai, ai!

Francisco
(*à parte e ao mesmo tempo*)

Pobre Manuel!

Angélica
(*para Manuel*)

Ah, tu eras casado e enganavas-me!

Deolinda

A mim é que enganava.

Quintino

Então, com todos os diabos, quem é aqui meu cunhado?

Manuel
(*apontando para Francisco*)

É ele! É ele!

Francisco
(*apontando para Manuel, ao mesmo tempo*)

É ele! É ele!

Quintino
(*para Deolinda*)

Ambos?

Angélica

Espere, Sr. Sargento, que eu porei estas coisas em ordem. (*à parte, para Manuel*) Ingrato, tudo está explicado e eu me vingarei!

Manuel

Minha ama!

Angélica

(*repelindo-o com gesto desprezador*)

Sr. Francisco, aqui está a escritura de nosso casamento. (*dá-lhe o papel*)

Francisco

Quanto sou ditoso!

Manuel

Mas senhora...

Angélica

(*interrompendo-o*)

O Sr. Manuel terá a bondade de procurar outro arranjo, porque hoje deixa de ser meu caixeiro. Tenho um marido e nele um sócio.

Manuel

Um sócio! (*para Francisco, na maior desesperação*) Amigo infiel e pérfido, és a causa da minha desgraça e perdição!

Francisco

Eu, Manuel?

Manuel

Sim.

Francisco

Fiz o que pude por ti, fui marido de tua mulher... Tu és o culpado, eu não.

Manuel

(*voltando-se para Deolinda*)

Então foste tu, mulher traidora!

Deolinda

Eu? Não guardei segredo? Queixa-te de ti; de mim, não.

Manuel

(*para Quintino*)

Então foste tu, barbaças do diabo!

Quintino

(*ameaçando-o*)

Passe de largo!

Manuel

(*voltando-se para Angélica*)

Ou tu, carocha do inferno!

Angélica

Maroto! Já por esta porta fora e vai ser caixeiro de Belzebu!

Manuel

(*como louco*)

Caixeiro, sempre caixeiro! Oh, afastem-se de mim, que estou louco, desesperado, furibundo! Para longe! Serei caixeiro, caixeiro, caixeiro! Pagarei sempre imposto, como uma saca de café, um burro, um cavalo. Não sou nada no mundo. Cortem-me esta cabeça, pendurem-me na porta do açougue. Sou um boi; paguei direitos na barreira. Sou um boi. (*assim dizendo, principia a berrar como boi*)

TODOS

Manuel! (*Manuel berra*)

DEOLINDA

Meu Deus, está louco!

TODOS

Louco! (*Manuel berra*)

DEOLINDA

Que desgraça!

FRANCISCO
(*ao mesmo tempo*)

Coitado!

QUINTINO
(*ao mesmo tempo*)

Pobre homem!

ANGÉLICA
(*ao mesmo tempo*)

Faz-me pena!

MANUEL
(*traz Antônio pelo braço para a frente do teatro*)

Antônio, eis-me de joelhos a teus pés. (*ajoelha*) Lembra-te da amizade que nos uniu e faze-me o último favor. (*abre a camisa*) Enterra-me no coração essa acha de lenha, traspassa-me o peito com ela. Não queres?

ANGÉLICA

Manuel!

MANUEL

Quem me chama?

ANGÉLICA

É tua ama! Manuel, esqueço-me da afronta que me fizeste e lembrar-me-ei somente dos serviços que me tens prestado... Serás nosso sócio, não é assim, Chiquinho?

FRANCISCO

Sim, serás nosso sócio.

DEOLINDA

Serás sócio! (*Manuel levanta-se pouco a pouco, como procurando fixar-se no sentido das palavras que lhe dizem*)

ANGÉLICA

Serás nosso sócio, ficarás conosco. Eu te perdôo.

MANUEL

Sócio! Ouviram bem meus ouvidos? Serei sócio! (*caindo de joelhos e levantando as mãos para o céu*) Oh, meu Deus, está satisfeita a minha ambição (*todos falam ao mesmo tempo*)

DEOLINDA

Está salvo!

QUINTINO

Pobre sócio!

ANGÉLICA

Pobre Manuel!

FRANCISCO

Pobre amigo!

MANUEL

Serei sócio! (*cai o pano*)

FIM

AS CASADAS SOLTEIRAS*

Comédia em 3 atos

[1845]

* Imitação da peça francesa *Les trois dimanches*, dos irmãos Cogniard e de Jules Cordier.

PERSONAGENS

BOLINGBROK, *negociante*
JOHN, *seu sócio*
JEREMIAS
NARCISO, *pai de*
VIRGÍNIA *e*
CLARISSE
HENRIQUETA, *mulher de Jeremias*
UM CRIADO E
DIFERENTES PESSOAS DE AMBOS OS SEXOS.

A cena se passa, o primeiro ato, em Paquetá; o segundo, na Bahia, e o terceiro, no Rio de Janeiro.

ATO PRIMEIRO

(O teatro representa o Campo de S. Roque, em Paquetá. Quatro barracas, iluminadas e decoradas, como costumam ser nos dias de festa, ornam a cena de um e outro lado; a do primeiro plano, à direita, terá transparentes fantásticos, diabos, corujas, feiticeiras, etc. No fundo, vê-se o mar. Diferentes grupos, diversamente vestidos, passeiam de um para outro lado, parando, ora no meio da cena, ora diante das barracas, de dentro das quais se ouve tocar música. Um homem com um realejo passeia por entre os grupos, tocando. A disposição desta cena deve ser viva.)

Cena I

JEREMIAS *e o povo*

JEREMIAS

Bem fiz eu em vir à festa de S. Roque. Excelente dia passei e melhor noite passarei – e vivam as festas! Perca-as quem quiser, que eu não. Para elas nasci, e nelas viverei. Em S. Roque, na Penha, na Praia Grande, na Armação... Enfim, em todos os lugares onde houver festa, se estiverem duas pessoas, uma delas serei eu. Que belo que isto está! Barracas, teatrinho de bonecos, onças vivas, fogo de artifício, máquinas, realejo e mágicos que adivinham o futuro... Logo teremos um nesta barraca... Ora, esses estrangeiros são capazes das maiores extravagâncias para nos chuparem os cobres! Se há tanta gente que acredita neles... Estou que não caibo na pele!

VOZES

Aí vem a barca! Aí vem a barca!

JEREMIAS

A barca! (*correm todos para a borda do mar, exceto Jeremias*) Vejamos, primeiro, quem vem da cidade, para depois aparecer. Tenho cá minhas razões... (*sai pela direita. Nesse momento aparece a barca de vapor, que atraca à praia e toca a sineta. Principiam a saltar os passageiros, e entre eles, John e Bolingbrok, que se encaminham para frente*)

Cena II

JOHN, BOLINGBROK *e povo*

JOHN

Enfim, chegamos.

Bolingbrok

Oh, *yes*, enfim! É uma vergonhe estes barques de vapor do Bresil. Tão pórque, tão, tão, tão...

John

Ronceira.

Bolingbrok

Ronceire? Que quer dizê ronceire?

John

Vagarosa.

Bolingbrok

Yes, vagarosa. John, tu sabe mais portuguesa que mim.

John

Bem sabes, Bolingbrok, que ainda que sou filho de ingleses, nasci no Brasil e nele fui criado; assim, não admira que fale bem a língua... Mas vamos ao que serve.

Bolingbrok

Yes, vamos a que serve.

John

Primeiro, correremos tudo para ver se encontramos nossas belas.

Bolingbrok

Oh, *God!* Encontre nosses beles... Mim fica contente se encontre nosses beles. Oh, *God!*

JOHN

Já vejo, meu caro Bolingbrok, que estás completamente subjugado. Admira-me! Um homem como sois, tão frio e compassado...

BOLINGBROK

Oh, non, *my dear!* Este é um error muito... fundo... muito oco... non, non! Muito profundo... *yes*... muito profundo. Minha peito é uma volcão, uma barril de pólvora... Faltava só a faísca. *Miss* Clarisse é faísca, e minha peito fez, fez, fez bum!

JOHN

Explosão.

BOLINGBROK

Yes, yes! Explosão! Mim está incêndio.

JOHN

Podias ter-te atirado ao mar.

BOLINGBROK

Oh, non, non! Mar non! Primeiro quero casa com *my* Clarisse, senão eu mata a mim.

JOHN

Devagar com isso, homem, e entendamo-nos.

BOLINGBROK

Oh, *God!*

JOHN

Há dois anos que chegaste de Inglaterra e estabeleceste, na Bahia, uma casa de consignação, de sociedade comigo. Temos sido felizes.

Bolingbrok

Yes!

John

Negócios de nossa casa obrigaram-nos a fazer uma viagem ao Rio de Janeiro. Há quinze dias que chegamos...

Bolingbrok

Yes!

John

E há oito que nossos negócios estão concluídos, e estaríamos já de volta, se não fosse o amor que nos prende.

Bolingbrok

Oh, *my* Clarisse, *my* Clarisse!

John

Por um feliz acaso, que servirá para mais estreitar nossa sociedade, amamos a duas irmãs.

Bolingbrok

Oh, duas anjos, John! Duas anjos irmãos...

John

Antes de ontem fomos, pessoalmente, pedi-las ao pai, que teve o desaforo de negar o seu consentimento, dizendo que não criou suas filhas para casá-las com ingleses.

Bolingbrok

Oh, *goddam!* Atrevida!

JOHN

Mas deixa-o. Estamos de inteligência com elas, e hoje nos há de ele pagar.

BOLINGBROK

Oh, *Yes!* Paga, atrevida, paga!

JOHN

Elas aqui estão desde manhã para assistirem à festa. Logo haverá fogo de artifício... Sempre há confusão... A falua estará na praia às nossas ordens, e mostraremos ao velho o que valem dois ingleses...

BOLINGBROK

Yes! Vale muito, muito! *Goddam!*

Cena III

JEREMIAS *e os ditos*

JEREMIAS

(*entrando cauteloso*)

Nesta não veio ninguém que me inquiete.

JOHN

(*para Bolingbrok*)

Silêncio! (*passeiam pela frente do tablado*)

JEREMIAS

(*à parte*)

Quem serão estes dois? (*aproximando-se deles*) Parecem-me ingleses... Há de ser, há de ser... É fazenda que não falta por cá. Não gostam do Brasil, *Brésil non preste!* Mas sempre vão chegando para lhe ganharem o dinheiro...

BOLINGBROK
(*para John*)

Yes.

JEREMIAS
(*à parte*)

Não disse? São ingleses. Conheço um inglês a cem léguas; basta que diga: *yes!* Façamos conhecimento... (*chegando-se para os dois*) *Good night.*

BOLINGBROK

Good night. (*continua a passear*)

JEREMIAS
(*seguindo-o*)

Os senhores, pelo que vejo, são ingleses.

BOLINGBROK

Yes. (*continua a passear*)

JEREMIAS

Eu os conheci logo por causa do *yes*; e o senhor... Mas que vejo? John? Não me engano...

JOHN
(*reparando nele*)

Jeremias!

JEREMIAS

Tu, no Rio de Janeiro, e em Paquetá, John? Quando chegaste?

JOHN

Há quinze dias, e já te procurei em tua antiga casa, e disseram-me que tinhas casado e mudado de domicílio.

JEREMIAS

Disseram-te a verdade.

BOLINGBROK

Quem é este?

JOHN

Bolingbrok, apresento-te meu amigo Jeremias. Andamos no mesmo colégio aqui no Rio de Janeiro; fomos sempre amigos.

BOLINGBROK

Muita honra, senhor. (*dá-lhe a mão e aperta com força e sacode*)

JOHN

Jeremias, meu sócio *Mister* Bolingbrok.

JEREMIAS

(*sacudindo a mão de Bolingbrok com violência*) Muita honra.

BOLINGBROK

Oh, basta, basta!

JEREMIAS
(*para John*)
Teu sócio fala português?

JOHN
Muito mal.

JEREMIAS
Nesse caso, falarei eu inglês.

JOHN
Sabes inglês?

JEREMIAS
De curiosidade... Tu vais ver. (*para Bolingbrok*) *Good morning. How do you do? Very well! Give me some bread. I thank you.* Gato come frango. *I say...*

BOLINGBROK
(*com frieza*)
Viva, senhor! (*dá-lhe as costas e passeia*)

JOHN
(*rindo-se*)
Estás muito adiantado...

JEREMIAS
Não falo tal qual um inglês, mas arranjo meu bocado.

JOHN
Estás o mesmo Jeremias; sempre alegre e folgazão.

Jeremias

Alegre, John? Não. Já te não lembras que estou casado?

John

E isto te entristece?

Jeremias

Como não imaginas.

John

Onde está tua mulher?

Jeremias

Eu sei lá?

John

Oh, excelente marido!

Jeremias

Soube ontem que hoje era a festa de S. Roque. De manhã muito cedo meti-me na barca e safei-me sem dizer nada. Que queres? Não posso resistir a uma festa.

John

E deixaste tua mulher só?

Jeremias

Tomara eu também que ela me deixasse só. O que eu estou a temer é que ela arrebente por aqui mais minutos, menos minutos... É muito capaz disso! John, Deus te livre de uma mulher como a minha.

BOLINGBROK
(*correndo para John*)
John, John! Vem ela, vem ela!

JEREMIAS
(*assustando-se*)
Minha mulher?

BOLINGBROK
Olha, John, olha! *God!* Mim contente!

Cena IV

Entram pela direita VIRGÍNIA *e* CLARISSE.

JOHN
São elas!

JEREMIAS
Que susto tive eu! Pensei que era minha mulher.

JOHN
Virgínia!

BOLINGBROK
My Clarisse!

VIRGÍNIA
John!

CLARISSE
Bolimbroque!

BOLINGBROK

By God!

JEREMIAS

(*à parte*)

Ué! As filhas do Narciso... Bravo!

VIRGÍNIA

O senhor Jeremias!

CLARISSE

Ah!

JEREMIAS

Minhas senhoras, bravíssimo!

JOHN

(*para Jeremias*)

Conheces estas senhoras?

JEREMIAS

Se as conheço! São minhas vizinhas.

JOHN

Jeremias, espero que tu não nos trairás. Estas meninas devem ser nossas esposas... E como o pai não consente em nosso casamento, aqui estamos para roubá-las, e as roubaremos.

JEREMIAS

Olá! Isto vai à inglesa... Dito e feito...

JOHN

Podemos contar com a tua cooperação?

JEREMIAS

Vocês casar-se-ão com elas?

JOHN

Juramos!

BOLINGBROK

Yes! Jura!

JEREMIAS

Conta comigo. Tenho cá minhas quizílias particulares com o pai, e boa é a ocasião para vingar-me. Que queres de mim?

JOHN

Vai-te pôr de vigia para que ele não nos surpreenda.

JEREMIAS

Pronto! Dona Virgínia, Dona Clarisse, adeusinho. (*à parte*) Ah, meu velhinho, tu agora me pagarás o nome de extravagante que sempre me dás... (*sai pela direita*)

Cena V

CLARISSE

Nós os procurávamos.

BOLINGBROK

Yes! Nós está aqui.

JOHN

Há meia hora que desembarcamos, e não sabíamos para onde dirigirmo-nos a fim de encontrar-vos.

VIRGÍNIA

Estávamos passeando bem perto daqui e os vimos passar por diante desta barraca. Metemo-nos por entre o povo, fizemo-nos de perdidas e corremos ao vosso encontro. O velho, a estas horas, estará a nossa procura.

BOLINGBROK

Está muito contente, *Miss*, de fala a vós. Muito contente, *Miss*, muito satisfeita.

CLARISSE

Creia que também de minha parte.

BOLINGBROK

Yes! Minha parte muito satisfeita! *Goddam!*

JOHN

Minha querida Virgínia, quanto sofro longe de ti!

BOLINGBROK

My dear Clarisse, eu fica doente longe de ti.

JOHN

Não há para mim satisfação sem a tua companhia.

VIRGÍNIA

Sei quanto me ama.

BOLINGBROK

Eu está triste como uma burro sem tua companhia.

CLARISSE

Conheço o quanto me estima.

JOHN

O sono foge de meus olhos, e se alguns instantes durmo, contigo sonho.

BOLINGBROK

Mim não dorme mais... Leva toda a noite espirrando.

CLARISSE

Espirrando?

BOLINGBROK

No, no, suspirando. *Yes*, suspirando.

JOHN

Quando me lembro que talvez viva sem ti, quase enlouqueço... desespero.

BOLINGBROK

Quando mim lembra vive sem ti... Oh, *goddam*, mim fica danada. *By God! Yes*, fica muito... muito... *Yes*.

VIRGÍNIA

Meu caro John, não duvido um instante de vosso amor.

JOHN

Querida Virgínia!

CLARISSE

Certa de vosso amor, com amor vos pago.

BOLINGBROK

My Clarisse, *my* Clarisse!

JOHN

Mas isto assim não pode durar.

BOLINGBROK

No, *no*, non pode dura.

JOHN

Teu pai ainda se opõe à nossa união?

VIRGÍNIA

Ainda. Ele diz que odeia aos ingleses pelos males que nos têm causado, e principalmente agora, que nos querem tratar como piratas.

BOLINGBROK

Piratas, *yes*. Piratas. As brasileiras é piratas... Enforca eles...

CLARISSE

(*afastando-se*)

Ah, somos piratas?

VIRGÍNIA

Muito obrigada...

BOLINGBROK

No, no, Miss... Eu fala só das brasileiros machos...

CLARISSE

São meus patrícios.

BOLINGBROK

As machos... mim não gosta deles. As brasileiros mulheres, *yes*... Esta é bela... é doce como *sugar*...

JOHN

Cala-te, Bolingbrok, que não dizes senão asneiras.

BOLINGBROK

Yes, mim diz asneiras... Mim é cavalo, quando está junto de vós. (*aqui entra pela direita Narciso*)

VIRGÍNIA

É preciso termos prudência.

NARCISO

Está muito bonito! Muito bonito! (*espanto dos quatro*)

JOHN

Diabo!

BOLINGBROK

Goddam!

VIRGÍNIA *e* CLARISSE

Meu pai! (*ao mesmo tempo*)

NARCISO

Para isso é que se perderam de mim? Que pouca vergonha! A conversarem com dois homens...

JOHN

Senhor, isto não teria acontecido se nos tivésseis dado a mão de vossas filhas.

NARCISO

Ah, são os senhores? É o que me faltava: casá-las com ingleses! Antes com o diabo!

JOHN

Senhor!

BOLINGBROK

Senhor!

NARCISO

O que é lá? (*para as duas*) Salta! Adiante de mim! Salta!

JOHN

Virgínia, conta comigo. A despeito deste velho insensato, serás minha.

BOLINGBROK

My Clarisse, há de ser mulher a mim, quando mesmo este velho macaco.

NARCISO

Macaco? Inglês de um dardo!

BOLINGBROK

Macaco fica zangado? Mim está contente de chama macaco.

NARCISO

(*tomando as moças pelos braços*)

Vamos, senão faço algum desatino. (*sai levando as duas*)

Cena VI

BOLINGBROK

(*seguindo a Narciso*)

Mim está contente chama macaco. (*gritando*) Macaco!

JOHN

Deixa-o, Bolingbrok.

BOLINGBROK

(*voltando*)

Mim está satisfeita. Macaco!

JOHN

Vejamos o modo de ensinarmos a este velho, e vingarmo-nos.

BOLINGBROK

Yes.

JOHN

Não tive tempo de dizer a Virgínia que tínhamos uma falua às ordens. Agora será difícil fazermo-la saber esta circunstância. Maldito Jeremias, que não soube vigiar o velho!

BOLINGBROK

Mim dá uma roda de soco nele quando aparece.

Cena VII

JEREMIAS

(*entrando*)

JEREMIAS

John? John?

JOHN

Nós te estamos muito agradecidos.

BOLINGBROK

Mim quer joga soco.

JEREMIAS

Hem? O que é isso?

JOHN

Deixaste que o velho nos surpreendesse.

BOLINGBROK

Mim quer jogar soco, senhor.

JEREMIAS

Não tive culpa. Estava alerta, com todo o cuidado no velho, quando passou por junto de mim, e sem me ver, uma mulher... E assim que a pilhei a três passos longe de mim, deitei a fugir...

BOLINGBROK

(*gritando*)

Mim quer joga soco, senhor!

JEREMIAS

Pois tome! (*dá-lhe um soco*)

BOLINGBROK

Goddam! (*atira um soco a Jeremias, que lhe responde*)

JOHN

(*metendo-se de permeio*)

Então, o que é isso? Jeremias? Bolingbrok?

BOLINGBROK

Deixa, John!

JEREMIAS

Maluco! *I say... drink the rum...* Chega, que arrumo-te um tabefe!

JOHN

Não sejam crianças! (*para Jeremias*) Não faças caso. (*para Bolingbrok*) Aquieta-te...

BOLINGBROK

Mim não quer mais joga soco.

JEREMIAS

Mim também não quer jogo mais... (*Bolingbrok passeia de um lado para outro*)

JOHN

Teu descuido muito nos prejudicou.

JEREMIAS

Já te disse que estava alerta, mas a mulher...

JOHN

Mas quem é a mulher?

JEREMIAS

A minha! A minha! Pensei ver o diabo, e isto fez-me perder a cabeça... Abandonei o posto, e foste surpreendido.

JOHN

E assim foi nosso plano completamente desarranjado.

JEREMIAS

Por quê?

JOHN

Não tivemos tempo de comunicar às meninas o nosso plano. Agora ser-nos-á difícil falar-lhes. O velho está desesperado!

JEREMIAS

Lembro-me um expediente...

John

Qual é?

Jeremias

Nesta barraca há um francês que, para lograr ao público e ganhar dinheiro, vestir-se-á de mágico a fim de predizer o futuro, fazer adivinhações e sortes, etc. Entra tu lá, dá-lhe dinheiro – esta gente faz tudo por dinheiro –, veste-te com as suas roupas, e assim disfarçado, talvez consigas poder falar com a moça.

John

Excelente amigo! (*abraça-o*)

Jeremias

Que te parece? Não é bem lembrado? Ó diabo! (*olhando para a esquerda, fundo*)

John

O que é?

Jeremias

(*escondendo-se por detrás de John*)

Minha mulher que ali vem! Não lhe digas nada, nada... (*vai levando a John para o lado direito, encobrindo-se com seu corpo*)

John

Espera, homem; onde me levas?

Jeremias

(*junto dos bastidores*)

Adeus. (*sai*)

Cena VIII

JOHN, BOLINGBROK *e depois* HENRIQUETA

JOHN

Ah, ah! Que medo tem o Jeremias da mulher! Bolingbrok, vem cá. Estamos salvos!

BOLINGBROK

Salva? (*aqui aparece no fundo esquerdo Henriqueta, e encaminha-se para a frente*)

JOHN

Jeremias ensinou-me o meio de comunicar-nos com nossas amantes.

BOLINGBROK

Agora mim tem pena de ter dado o soco... (*Henriqueta vem-se aproximando*)

JOHN

O plano não pode falhar. Jeremias teve uma lembrança magnífica.

HENRIQUETA

(*à parte*)

Falam em Jeremias...

BOLINGBROK

Quando encontra ele dá um abraço.

HENRIQUETA

Uma sua criada...

BOLINGBROK

Viva!

JOHN

Minha senhora...

HENRIQUETA

Desculpem-me, meus senhores, se os interrompo, mas como ouvi que falavam no Sr. Jeremias...

JOHN

Conhece-o?

HENRIQUETA

Sim senhor. É meu marido.

JOHN

(*à parte*)

É ela! (*alto*) Muita honra tenho em a conhecer... Seu marido é um belo moço.

HENRIQUETA

É verdade. (*à parte*) Patife, se o encontro...

BOLINGBROK

Ah, *a good boy*.

HENRIQUETA

O que diz o senhor?

BOLINGBROK

Eu fala de sua marido... *A good boy*.

HENRIQUETA

(*à parte*)

Ora! (*para John*) Se quisesse ter a bondade de dizer-me onde o poderei encontrar...

JOHN

Pois não, minha senhora; ainda há pouco aqui esteve e dirigiu-se para este lado. (*aponta para a esquerda*)

BOLINGBROK

No, *no*, John!

JOHN

Sim sim, foi para este lado. (*para Bolingbrok*) *Take your tongue.*

BOLINGBROK

Yes, foi esta lado... (*Henriqueta sai*)

Cena IX

JOHN

Agora tratemos de nós; ponhamos em execução o plano do Jeremias. Toma sentido no que se passar, enquanto eu entro na barraca.

BOLINGBROK

Para quê, John?

JOHN

Saberás. (*entra na barraca*)

Cena X

Bolingbrok

(*só*)

John vai fazer asneira... Mim não sabe o que ele quer... Não importa; rouba *my* Clarisse e fica contente. Velho macaco está zangado. *By God!* Inglês faz tudo, pode tudo; está muito satisfeita. (*esfregando as mãos*) Inglês não deixa brinca com ele, *no!* Ah, Clarisse, *my dear*, mim será tua marida. *Yes!*

Vozes

(*dentro*)

Lá vai a máquina, lá vai a máquina!

Bolingbrok

Máquina? Oh, este é belo, lá vai a máquina!

Cena XI

Entram Narciso, Clarisse, Virgínia *e povo, olhando para uma máquina que atravessa no fundo do teatro.*

Todos

Lá vai a máquina, lá vai a máquina!

Bolingbrok

(*correndo para o fundo*)

Máquina, máquina! (*a máquina desaparece e todos ficam em cena como olhando para ela*)

Cena XII

Entra pela barraca John, *vestido de mágico, trazendo na mão uma buzina.* John *toca a buzina.*

Todos

O mágico! O mágico!

John

Aproximai-vos! Aproximai-vos! (*todos se aproximam*) O futuro é de Deus! O céu é a página de seu imenso livro, e os astros os caracteres de sua ciência; e quem lê nos astros conhece o futuro... o futuro! Homens e mulheres, moços e velhos, não quereis conhecer o vosso futuro?

Todos

Eu quero! Eu quero!

John

Silêncio! A inspiração se apodera de mim, a verdade brilha a meus olhos, e o porvir se desdobra diante de mim!

Narciso

(*à parte*)

Tenho vontade de o confundir. (*alto*) Senhor mágico, desejava saber se pela minha fisionomia podeis saber quem eu sou.

John

Aproxima-te. Este olhar de porco... estas orelhas de burro pertencem a Narciso das Neves.

TODOS

Oh!

NARCISO

Sabe meu nome e sobrenome!

JOHN

Nenhuma qualidade boa descubro em ti; só vícios vejo... És avarento, grosseiro, cabeçudo, egoísta...

TODOS

(*riem-se*)

Ah, ah, ah!

NARCISO

Basta, basta, diabo!

JOHN

(*para Clarisse*)

E vós, minha menina, nada quereis saber?

CLARISSE

Eu, senhor?

VIRGÍNIA

Vai, não tenhas medo.

JOHN

Mostrai-me vossa mão. (*examinando sua mão e falando-lhe mais baixo*) Esta linha me diz que teu coração não está livre. Aquele que amas não é da tua nação, mas é um homem honrado e leal; dele te podes fiar.

CLARISSE

E vede tudo isto em minha mão?

JOHN

Céus!

CLARISSE

Senhor!

JOHN

Esta outra linha faz-me conhecer que existe um grande obstáculo à vossa união; é preciso superá-lo, seguir aquele que amas; do contrário, acabarás em um convento.

CLARISSE

Em um convento? Morrer solteira?

JOHN

O destino fala por meus lábios; pensa e decide.

CLARISSE

Meu Deus!

VIRGÍNIA

Clarisse, que tens, que te disse ele?

CLARISSE

A mim? Nada, nada. (*à parte*) Meu Deus!

JOHN

(*para Henriqueta*)

E tu, pobre abandonada, queres que te diga o futuro?

HENRIQUETA

Abandonada? A primeira palavra é uma verdade... Dize-me o que devo esperar no mundo.

JOHN

Não queres que te diga primeiro onde está o infiel?

HENRIQUETA

Oh, dizei-me!

JOHN

Dentro de uma hora o encontrarás aqui.

HENRIQUETA

Aqui?

JOHN

Sim.

HENRIQUETA

Mil graças, senhor mágico. (*à parte*) Ah, Jeremias da minha alma, se te pilho!...

VIRGÍNIA

Agora eu.

JOHN

(*tomando pela mão e conduzindo-a à parte*)

Sim, agora tu, minha Virgínia, minha Virgínia a quem amo...

VIRGÍNIA

Ah, que ouço?

NARCISO

E lá! Que é lá isso?

JOHN

Silêncio!

NARCISO

Isso é demais, é...

JOHN

Silêncio!

TODOS

Silêncio!

JOHN

Cala-te, velho insensato! Vês aquela estrela? (*olham todos*) Preside ao destino desta jovem. Olhai todos se empalidece, olhai! (*Narciso fica olhando para a estrela*)

JOHN
(*à parte*)

Minha Virgínia!

VIRGÍNIA

És tu, John?

JOHN

Enquanto estiverem entretidos com o fogo, vem ter comigo, que aqui estarei à tua espera.

VIRGÍNIA

Sim.

NARCISO

(*olhando para a estrela*)

Qual empalidece! Olá, nada! Isto não está bom... Virgínia, salta para cá; parece-me maroteira.

JOHN

Quem mais quer saber do futuro?

VOZES

Eu! Eu! Eu!

JOHN

Aproxime-se cada um por sua vez. (*aqui ouve-se dentro o estrondo de bomba*)

VOZES

O fogo principiou! Vamos ver o fogo! (*saem todos correndo pela direita, em confusão*)

NARCISO

(*levando as filhas pela mão*)

Vamos, vamos ver o fogo! (*saem*)

Cena XIII

JOHN *e* BOLINGBROK

JOHN

Bravo, tudo está arranjado!

BOLINGBROK

John, mim não entende nada. Que quer isto dize?

JOHN

Espera um instante, que tudo saberás. (*entra na barraca*)

Cena XIV

BOLINGBROK

(*só*)

John é diabo. Eu está vendida. John? John? *Goddam!* Oh, minha coração está muito fogo, muito queimado por minha Clarisse... Eu vai ataca foguetes para ela ver. John? John?

JOHN

(*entrando, já sem a roupa de mágico*)

Silêncio, Bolingbrok, elas não tardam.

BOLINGBROK

Elas?

JOHN

Sim, nossas amantes; para fugirem conosco.

BOLINGBROK

Oh, Oh! *By God!* Mim está muito satisfeita.

Cena XV

Entram pela direita VIRGÍNIA *e* CLARISSE.

VIRGÍNIA

John!

CLARISSE
(*ao mesmo tempo*)
Bolingbrok!

JOHN
(*indo ao encontro*)
Minha Virgínia!

BOLINGBROK
(*indo ao encontro*)
My Clarisse!

VIRGÍNIA
Lá ficou entretido com o fogo!

JOHN
A falua está perto daqui; vamos...

VIRGÍNIA
A ti me entrego.

BOLINGBROK
My dear, let us go... (*saem pelo fundo à esquerda*)

Cena XVI

Entra pela esquerda baixa JEREMIAS.

JEREMIAS
Já não estou muito bem aqui; temo encontrar a fúria de minha mulher por toda a parte. Quero ver se me safo com John para a cidade. John? John?

HENRIQUETA

(*entra pela direita alta*)

Aqui o devo encontrar, que me disse o mágico...

JEREMIAS

(*sem ver Henriqueta*)

Onde estará o maldito?

HENRIQUETA

(*vendo-o*)

Ei-lo! Oh, patife! (*vem-se aproximando de Jeremias sem ser vista*)

JEREMIAS

Se encontra-me, leva-me o diabo; que ela anda em minha procura, não há dúvida. Ah, centopéia do diabo! (*aqui atacam bombas dentro e o teatro fica iluminado pelo clarão do fogo. Henriqueta, que nesse tempo está junto de Jeremias, dá-lhe uma bofetada que o atira no chão*) Oh, que bomba!

HENRIQUETA

É uma girândola, patife! (*Jeremias levanta-se apressado e deita a correr para o fundo, e Henriqueta o segue. Henriqueta, correndo*) Espera, patife, espera! (*saem correndo e desce o pano*)

FIM DO PRIMEIRO ATO

ATO SEGUNDO

(A cena passa-se na Bahia. O teatro representa uma sala; portas laterais, e no fundo duas janelas; mesa e cadeiras.)

Cena I

VIRGÍNIA *e* CLARISSE

VIRGÍNIA
(entrando pela direita)
Isto é um horror!

CLARISSE
(acompanhando-a)
É uma infâmia!

VIRGÍNIA
Tratar-nos assim, a nós, suas legítimas mulheres? E então, Clarisse?

CLARISSE

E tu, que me dizes, Virgínia?

VIRGÍNIA

Quem podia prever tudo isto?

CLARISSE

Pareciam tão submissos e respeitosos, lá no Rio de Janeiro! Que mudança!

VIRGÍNIA

E casai-vos por inclinação...

CLARISSE

Este é o nosso castigo, minha cara irmã. Fugimos de casa de nosso pai... Por mais que me queira persuadir, foi um mau passo que demos.

VIRGÍNIA

Quem poderia prever que eles fossem ingratos? Pareciam-me tão sinceros e amantes...

CLARISSE

É verdade. E no entanto, há apenas dois meses que estamos casadas, e já experimentamos todas as contrariedades que o estado traz consigo.

VIRGÍNIA

As contrariedades do estado nada seriam; com elas contava eu, razoavelmente falando. Porém o que mais me desespera é ter de aturar as manias inglesas de nossos caros maridos... Ontem, o meu quis que eu comesse, por força, rosbife quase cru.

Clarisse

E o meu, que eu engolisse metade de um *plum-pudding* horroroso.

Virgínia

Ateimou comigo boa meia hora para que eu bebesse um copo de cerveja. Prrr... que bebida diabólica!

Clarisse

E eu vi-me obrigada a beber um copo de ponche deste tamanho, que me deixou com a cabeça por esses ares!

Virgínia

O que mais me mortifica é que o Sr. Jeremias esteja presenciando tudo isto e que o vá contar quando voltar para o Rio.

Clarisse

E que remédio? Vamos preparar o chá, que nossos senhores não tardam.

Virgínia

Eu não! Preparem eles. Não sou sua escrava; não faço mais nada, não quero! (*batendo o pé*)

Cena II

Jeremias *e as ditas*

Jeremias

(*entrando pela direita e falando para dentro*)

Já volto, já volto, abram o champanha! (*para a cena*) Os diabos destes ingleses bebem como uma esponja! (*vendo as duas*) Oh, por que deixastes a mesa na melhor ocasião, quando se iria abrir o champanha?

CLARISSE

Não gosto de champanha.

VIRGÍNIA

Nem de vinho nenhum.

JEREMIAS

Não gostam de champanha, desse vinho divino e sem igual? Oh, minhas amabilíssimas, isso é falta de gosto! Pif! paf! poum! psss!...

VIRGÍNIA

E o Sr. Jeremias para que não ficou lá, bebendo?

JEREMIAS

Porque tinha que lhes falar.

BOLINGBROK

(*dentro*)

Jeremias?

CLARISSE

Olhe, que o chamam!

JEREMIAS

(*respondendo a Bolingbrok*)

Lá vou, e bebam enquanto eu não chegar. (*para as duas*) Assim esperarão com paciência.

VIRGÍNIA

Mas o que nos quer dizer?

JEREMIAS

Esta noite temos a primeira representação da *Sonâmbula*, pela Companhia Italiana. Dizem que a Mugnai e a Bocomini rivalizarão; e depois da pateada de outro dia, é natural que hajam coisas boas.

CLARISSE

Oh, se pudéssemos ir...

VIRGÍNIA

Seria bem bom, mas decerto o não conseguiremos.

JEREMIAS

E por que não?

VIRGÍNIA

Os nossos tiranos não o consentirão.

JEREMIAS

Oh, isso veremos! Dão-me o seu consentimento para que ataque a praça?

CLARISSE

Não, não! Deixe o caso por nossa conta. Fazendo-se-lhes o pedido assim de surpresa, são capazes de negar... Estou certa que negarão. Melhor é resolvê-los pouco a pouco.

VIRGÍNIA

Clarisse tem razão. Com carinhos, obediência e meiguice talvez possamos arranjar alguma coisa.

JEREMIAS

Tempo perdido... Pérolas a porcos! Meiguices não são para ingleses; é bom cá para nós.

VIRGÍNIA

Deixe o caso por nossa conta.

BOLINGBROK
(*dentro*)

Jeremias?

JEREMIAS

Lá vou, inglês do diabo!

CLARISSE

Vá, vá e tenha cuidado que eles não bebam muito.

VIRGÍNIA

Senão, não nos ouvem, pegam a dormir, e adeus *Sonâmbula*.

BOLINGBROK
(*dentro*)

Jeremias?

JEREMIAS

Adeus, adeus! (*vai saindo, cantando*) *God save the King!...* (*sai*)

Cena III

VIRGÍNIA *e* CLARISSE

VIRGÍNIA

Mana Clarisse, é preciso fazermo-nos amáveis.

CLARISSE

Amabilíssimas!

VIRGÍNIA

Preparemos primeiro o chá.

CLARISSE

Dizes bem. (*de uma mesa que está no fundo, trazem para a que está no meio da sala todos os preparos para chá*)

VIRGÍNIA

(*enquanto preparam o chá*)

Que remédio temos nós? Querem ser assim iludidos... (*chamando*) Tomás? Tomás?

CLARISSE

Tanto pior para eles... Que culpa temos nós? (*aqui entra um criado inglês*)

VIRGÍNIA

Traze água quente para o chá. (*o criado sai*)

CLARISSE

As xícaras estão prontas.

VIRGÍNIA

Jesus! Ia-me esquecendo o aguardente, ou rum, como eles chamam. (*vai buscar sobre a mesa do fundo um frasco com rum*)

CLARISSE

E esse esquecimento deitaria tudo a perder... (*entra o criado com uma chaleira com água quente*)

Dá cá. (*deita água no bule*) Leva. (*o criado sai com a chaleira*)

VIRGÍNIA

Agora creio que nada falta.

CLARISSE

Vamo-nos vestir, e pentearmo-nos.

VIRGÍNIA

Sim, sim! Façamo-nos bonitas, para melhor seduzir. Eles aí vêm. (*saem ambas, apressadas*)

Cena IV

JEREMIAS *e depois* JOHN *e* BOLINGBROK

JEREMIAS

(*entrando*)

Já não posso beber. Safa, diabo! Se me demoro mais tempo à mesa, acabo por uma combustão espontânea... Irra, que funis são os meus dois *ínglis*!

JOHN

(*entrando*)

Assim abandonas o campo?

BOLINGBROK

(*entrando*)

Jeremias está fraco, tem cabeça mole; não pode!

JEREMIAS

Sim, se eu estivesse como os senhores, acostumados desde criança a beberem cerveja...

BOLINGBROK

Porter.

JEREMIAS

Yes, porter.

JOHN

Vamos ao chá. (*assentam-se à mesa*)

BOLINGBROK

Jeremias tem medo da vinho; gosta de água... É uma pata.

JEREMIAS

Pata será ele.

BOLINGBROK

Pata! Ah, ah! (*rindo*) Pata, *yes!*

JEREMIAS

Tu nunca hás de tomar língua.

JOHN

Queres chá?

JEREMIAS

Dá-me. (*servem-se de chá e continuam a falar, bebendo-o*)

John

Não tens recebido cartas do Rio?

Jeremias

Não, e nem se me dá.

John

Chama-se a isso descuido e indiferença.

Bolingbrok

Descuida, *yes*.

Jeremias

Que queres? Sou assim. Também por descuido foi que me casei.

John

Vê lá, Bolingbrok, como são os brasileiros, quando tratam de seus interesses pecuniários. Jeremias vendeu tudo quanto possuía: uma fazenda de açúcar que lhe deixou o pai...

Jeremias

Não rendia nada; tudo era pouco para os negros comerem, e morrerem muitos.

Bolingbrok

Porque não sabe trabalha.

John

Vendeu duas belas propriedades de casa...

JEREMIAS

Das quais estava sempre mandando consertar os telhados, por pedido dos inquilinos. Só nisso iam-se os aluguéis.

JOHN

E sabes tu, Bolingbrok, o que fez ele de todo esse capital?

BOLINGBROK

Dize.

JOHN

Gastou metade em bailes, passeios, carruagens, cavalos...

BOLINGBROK

Oh!

JOHN

E a outra metade emprestou a juros.

BOLINGBROK

Este está bom; boa firma, jura doze per cento...

JEREMIAS

Qual doze, homem!

BOLINGBROK

Quante?

JEREMIAS

A oito por cento ao ano.

BOLINGBROK

Oh, Jeremias está doido! A oito per cento? Oh!

JOHN

Assim é que se estraga uma fortuna.

BOLINGBROK

Brasileiros sabe mais gasta do que sabe ganha.

JEREMIAS

Ora, adeus! A vida é curta e é preciso gozá-la.

JOHN

E depois dessa criançada, veio cá para a Bahia e deixou a mulher no Rio de Janeiro.

JEREMIAS

(*para Bolingbrok*)

Isto também é loucura?

BOLINGBROK

Conforme... Quando mulher é má, deixa ela; quando é boa, pega nela.

JEREMIAS

Pega nela, *yes!* Mas como a minha era o diabo com saia, eu deixa ela.

BOLINGBROK

Yes.

JEREMIAS

Oh, John, oh, Bolingbrok, se eu tivesse uma mulher como as vossas, então... Que anjos, que docilidade! Eu, se fosse qualquer de vocês, não lhes negava a mais pequena coisa. (*à parte*) É preciso prepará-los. (*alto*) Oh, eu os julgo incapazes de as tratar mal! Nem me passa isso pela cabeça.

BOLINGBROK

Mim não nega coisa razoável. (*levanta-se*)

JOHN

Nem eu. (*levanta-se*)

JEREMIAS

(*levantando-se e à parte*)

Não gostaram do conselho... (*alto*) Enfim, cada um faz o que entende.

BOLINGBROK

Yes.

JEREMIAS

Adeus, John, tenho muito que passear, e é tarde. *Farewell, my dear* Bolingbrok. *How do you do? Give me some bread. I thank you*. Hem? Tem que dizer a esta bela pronúncia? Até logo. (*à parte*) É preciso deixá-los com as mulheres... (*alto*) Adeus! Sejam amáveis. (*sai cantando*)

Cena V

BOLINGBROK *e* JOHN

BOLINGBROK

(*passeando*)

Mim está desconfiado...

JOHN

Dar-se-á, acaso, que nossas mulheres se tenham queixado a Jeremias?

BOLINGBROK

Mim pensa... Clarisse quer passeia, quer dança, quer *theater*, e mim não pode, mim não quer...

JOHN

E fazes bem. De que servem tantas folias, senão para perdição das mulheres?

BOLINGBROK

John, eu não quer perde Clarisse, mas eu está muito aflita... Clarisse está zangado comiga.

JOHN

Não te dês disso; os arrufos fazem agradável a reconciliação.

BOLINGBROK

Oh, mas palavra de amor é tão doce, e palavra de briga é tão, tão repiada...

JOHN

Bolingbrok, meu caro sócio, desconfia sempre de três qualidades de mulher: primeiro, das que só te dizem doces palavras: meu amorzinho, meu bem, meu ladrãozinho, e que vos acarinham as faces com a mão; segundo, das que te rodeiam de atenções e cuidados quando te estás vestindo para saíres; e terceiro, das que te fazem presentinhos de suspensórios bordados, bolsa para relógio, paninhos para barba, etc. É que te querem assim causar agradáveis surpresas. Desconfia dessas, sobretudo. De surpresa em surpresa atiram com o homem ao inferno...

Cena VI

VIRGÍNIA, CLARISSE *e os mesmos*

VIRGÍNIA

(*à porta e à parte para Clarisse*)

Ei-los! Experimentemos. (*encaminham-se para os dois sem serem vistas*)

BOLINGBROK

Oh, oh, John, eu me lembrarei, John... Minha amorzinho, minha ladrãozinho, não quer... Ni presentes, ni carinhas... Oh, non!

VIRGÍNIA

(*tomando John pelo braço*)

Meu bom maridinho!

JOHN

Ah, sois vós Virgínia?

CLARISSE

(*tomando Bolingbrok pelo braço*)

Meu amorzinho!

BOLINGBROK

Clarisse! (*à parte*) Disse: minha amorzinho...

VIRGÍNIA

(*para John*)

O chá estava bom?

JOHN

Não achei mau.

CLARISSE

(*para Bolingbrok*)

Gostaste do chá, meu ladrãozinho?

BOLINGBROK

(*à parte*)

Oh, minha ladrãozinho!...

VIRGÍNIA

(*para John*)

Não vais hoje passear?

JOHN

Oh, tanto cuidado!

CLARISSE

Não passeias? (*passando-lhe a mão pela barba*)

BOLINGBROK

Oh!

VIRGÍNIA

Que tens, John? Acho-te assim, não sei como...

JOHN

Nada, nada, absolutamente!

Clarisse
(*para Bolingbrok*)
Por que te espantas?

Bolingbrok
(*à parte*)
Oh, falta só suspensórias bordada!

Virgínia
John, tinha um favor que pedir-te...

John
Dize.

Clarisse
Eu também a ti...

Bolingbrok
Fala.

Virgínia
Se fosses tão bom...

Clarisse
Tão amável...

Virgínia
Que prometêsseis que hoje...

John
O quê?

Virgínia
Oh, mas tu não terás a crueldade de me dizeres que não...

CLARISSE

Nem tu, minha vida, terás a barbaridade de recusares um meu pedido...

JOHN

Vamos, dizei.

BOLINGBROK

Eu está esperando.

CLARISSE

Queríamos hoje ir... Dize, Virgínia.

VIRGÍNIA

Ir ao teatro. Sim?

JOHN

Não pode ser. (*apartando-se dela*)

BOLINGBROK

Non, non pode! (*apartando-se dela*)

VIRGÍNIA

Ah, então não consente?

JOHN

Não é possível.

CLARISSE

Recusa?

BOLINGBROK

No, non recusa... Permite a vós a permissão de não ir ao teatro...

VIRGÍNIA

Assim morreremos neste insuportável cativeiro!

JOHN

Virgínia!

CLARISSE

Isto é indigno! (*chora*)

BOLINGBROK

Clarisse!

VIRGÍNIA

Meu Deus, meu Deus, como sou desgraçada! (*chora*)

JOHN

Tenha juízo, senhora!

CLARISSE

Infeliz de mim! (*chora*)

BOLINGBROK

My Clarisse é criança?

VIRGÍNIA

(*resoluta*)

Oh, mas isto não pode ser assim; há de mudar, ou senão...

CLARISSE

(*resoluta*)

Sim, é preciso que isto mude, ou eu...

JOHN

Ameaçais?

BOLINGBROK

Essa tom?

CLARISSE

É o tom que nos convém.

VIRGÍNIA

E o que havemos de tomar de aqui em diante.

JOHN

E pretendes assim obrigar-me a que te leve ao teatro?

BOLINGBROK

Pensa que assim obriga a mim, senhora?

VIRGÍNIA

Então não sairemos mais de casa?

JOHN

Não!

BOLINGBROK

No!

CLARISSE

Que inferno!

VIRGÍNIA

Muito bem! E durante o tempo que ficamos em casa hão de os senhores andar por esses hotéis, bailes, *public-houses* e teatros, divertindo-se e bebendo grogue...

JOHN

Virgínia!

CLARISSE

E a fumarem por essas ruas.

BOLINGBROK

Eu fuma aqui mesmo, senhora; sou capaz de fuma aqui mesmo.

VIRGÍNIA

Então não sairemos?

CLARISSE

(*raivosa, ao mesmo tempo*)

Não sairemos?

JOHN

Não! (*chamando*) Tomás?

BOLINGBROK

(*ao mesmo tempo*)

No! (*chamando*) Tomás? (*entra o criado*)

JOHN

Meu chapéu.

BOLINGBROK

(*ao mesmo tempo*)

Minha chapéu.

VIRGÍNIA *e* CLARISSE

Meu Deus! (*vão cair desmaiadas nas cadeiras*)

BOLINGBROK

(*querendo ir socorrer Clarisse*)

My Clarisse!...

JOHN

(*retendo-o*)

O que fazes? Elas tornarão a si. (*entra o criado com os chapéus*)

BOLINGBROK

Pode morre, John.

JOHN

Não morrem. (*para o criado*) Dá cá o chapéu... Toma o teu, e vamos para os hotéis, como estas senhoras disseram. (*tomando-o pelo braço e obrigando-o a segui-lo*) Vamos. (*vão a sair pela esquerda; logo que chegam junto à porta, Virgínia e Clarisse levantam das cadeiras*)

VIRGÍNIA

(*levantando-se*)

Bárbaros!

CLARISSE

(*levantando-se, ao mesmo tempo*)

Desumanos!

BOLINGBROK

(*da porta*)

Oh, está viva!

JOHN

Não te disse? (*os dois riem-se às gargalhadas e saem*)

Cena VII

VIRGÍNIA *e* CLARISSE

(*chegando à porta por onde eles saíram*)

Malcriados!

CLARISSE

(*no mesmo*)

Grosseirões!

VIRGÍNIA

E então?

CLARISSE

E então?

VIRGÍNIA

Pois como não quer que eu saia a passeio, vou pregar-me à janela e namorar a torto e a direito... Hei de mostrar! (*vai para a janela*)

CLARISSE

Mas cuidado que ele não te veja. O melhor é termos paciência.

VIRGÍNIA

Tem tu, que eu não.

CLARISSE
(*sentando-se*)

Faze o que quiseres. Enfim, assim o quisemos, assim o tenhamos... A nossa fugida havia dar em alguma... Ai, ai, quem o adivinhasse!...

VIRGÍNIA

Clarisse, Clarisse, vem cá! Vem cá depressa!

CLARISSE

O que é?

VIRGÍNIA

Corre! (*Clarisse vai para junto de Virgínia*) Quem é aquela mulher que ali vai?

CLARISSE

Aquela?

VIRGÍNIA

Sim... Talvez engane-me... É quase noite, e não posso certificar-me.

CLARISSE

Parece-me, pelo corpo e andar, a Henriqueta.

VIRGÍNIA

É isso mesmo que eu pensava.

CLARISSE

É ela, é!

VIRGÍNIA
(*chamando*)

Psiu! Psiu! Henriqueta!

CLARISSE

Não grites tanto!

VIRGÍNIA

Somos nós! Ela ouviu-nos; aí vem. Sim, sim, entra, entra, sou eu e minha irmã. (*saindo ambas da janela*)

CLARISSE

Henriqueta cá pela Bahia? O que será?

VIRGÍNIA

Não adivinhas? Vem atrás do marido.

CLARISSE

Que casal também esse...

Cena VIII

HENRIQUETA *e as ditas*

VIRGÍNIA

Henriqueta! (*abraçando-a*)

HENRIQUETA

Minhas caras amigas!

CLARISSE

Tu por cá, Henriqueta?

HENRIQUETA

Cheguei esta manhã mesmo no vapor, e muito estimo ter vos encontrado. Ajudar-me-eis no empenho que me trouxe à Bahia?

VIRGÍNIA

Qual é ele?

CLARISSE

Conta conosco.

HENRIQUETA

Venho em procura de meu marido, que há mês e meio abandonou-me.

CLARISSE

Abandonou-te?

HENRIQUETA

Sim, sim, e partiu para a Bahia. Um mês depois é que soube que ele aqui estava, e pus-me logo a caminho.

VIRGÍNIA

Pobre Henriqueta!

CLARISSE

Em que lida vives por um ingrato!

HENRIQUETA

Vocês o não têm visto?

VIRGÍNIA

Se temos...

CLARISSE

E há bem pouco tempo.

HENRIQUETA

Onde?

VIRGÍNIA

Aqui.

HENRIQUETA

Aqui mesmo?

CLARISSE

Sim.

HENRIQUETA

E voltará?

VIRGÍNIA

Não tarda.

HENRIQUETA

Oh, Sr. Jeremias, agora veremos! O senhor não contava com a minha resolução. Assim abandonar-me...

VIRGÍNIA

E o teu marido é como todos – falso, ingrato e traidor. (*aqui entra o criado com velas e as põe sobre a mesa*)

CLARISSE

Ele dizia sempre que recebia cartas tuas, e dava-nos lembranças.

HENRIQUETA

Pérfido mentiroso! Oh, mas eu hei de segui-lo ainda que seja até o inferno!

VIRGÍNIA

Vê tu, Henriqueta, como são as coisas... Tu corres atrás de teu marido, e nós quiséramos estar bem longe dos nossos.

HENRIQUETA

Como assim?

CLARISSE

Henriqueta, somos muito desgraçadas, muito...

HENRIQUETA

Vocês, desgraçadas?

VIRGÍNIA
(*chorando*)

Sim, e muito.

HENRIQUETA

Oh, e por quê?

CLARISSE

Nossos maridos tratam-nos como se fôssemos suas escravas. (*chora*)

HENRIQUETA

É possível?...

VIRGÍNIA

Nós é que pagamos as cabeleiras que tomam. Não temos vontade nem deliberação em coisa alguma. Governam-nos britanicamente.

HENRIQUETA

E o que fazem vocês?

VIRGÍNIA

O que havemos fazer, senão sujeitarmo-nos?

HENRIQUETA

Nada, isso lhes dá razão!

CLARISSE

Ah, minha cara amiga, se estivesses em nosso lugar...

HENRIQUETA

Escuta, Virgínia, e tu, Clarisse, uma coisa que eu não dissera, se não ouvisse a confidência que acabas de fazer-me. Mas sou vossa amiga e compadeço-me do estado e engano em que viveis...

VIRGÍNIA

Engano em que vivemos?

CLARISSE

Explica-te...

HENRIQUETA

Sabes tu o que se diz no Rio de Janeiro?

VIRGÍNIA

Tu me assustas!

CLARISSE

Acaba.

HENRIQUETA

Que vocês não estão casadas legitimamente.

AMBAS

Não estamos casadas?

HENRIQUETA

Não.

VIRGÍNIA

Tu gracejas.

HENRIQUETA

Ora dizei-me, em que religião fostes criadas?

VIRGÍNIA

Na religião de nossos pais.

CLARISSE

Católica, Apostólica, Romana.

HENRIQUETA

E teus maridos?

VIRGÍNIA

São protestantes.

HENRIQUETA

E onde vos casastes?

CLARISSE

No templo inglês do Rio de Janeiro, na Rua dos Barbonos.

HENRIQUETA

E não fostes também receber a bênção católica do vigário da vossa freguesia?

VIRGÍNIA

Não.

HENRIQUETA

Minhas amigas, sinto muito repetir: não estais legitimamente casadas.

VIRGÍNIA

Mas por quê?

CLARISSE

Não compreendo.

HENRIQUETA

As cerimônias nupciais protestantes só ligam os protestantes; e as católicas, aos católicos.

VIRGÍNIA

Assim...

HENRIQUETA

Assim, só eles é que estão casados; vocês, não.

CLARISSE

Meu Deus!

VIRGÍNIA

(*ao mesmo tempo*)

Oh, é isto possível?

HENRIQUETA

E vivam na certeza que vocês não são mais que amantes de vossos maridos, isto é, casadas solteiras.

VIRGÍNIA

Que infâmia!

CLARISSE

(*ao mesmo tempo*)

Que traição!

HENRIQUETA

E agora que de tudo sabem, querem ainda viver com eles, e dar-lhes obediência?

VIRGÍNIA

Nem mais um instante! Fujamos! Casadas solteiras!...

CLARISSE

Fujamos! Que vergonha! Duas amantes!... Que posição a nossa!

HENRIQUETA

Esperem, esperem, isto não vai assim. É preciso sangue frio. O vapor larga esta madrugada para o Rio de Janeiro, iremos nele.

VIRGÍNIA

Minha amiga, tu nos acompanharás?

HENRIQUETA

Com uma condição...

CLARISSE

Qual é?

HENRIQUETA

Que vocês resolverão a Jeremias a acompanhar-nos, se eu o não puder conseguir.

AMBAS

Conta conosco.

HENRIQUETA

Muito bem. Agora, vão arranjar a roupa necessária. (*ouve-se dentro Jeremias cantar*) E depressa, que eu ouço a voz do meu tratante...

VIRGÍNIA

Em um momento estamos prontas. (*saem as duas*)

Cena IX

HENRIQUETA *e depois* JEREMIAS

HENRIQUETA

(*só*)

Vens muito alegre... Mal sabes tu o que te espera. Canta, canta, que logo chiarás! (*apaga a vela*) Ah, meu tratante!

JEREMIAS

(*entrando*)

Que diabo! É noite fechada e ainda não acenderam velas! (*chamando*) Tomás, Tomás, traze luz! Não há nada como estar o homem solteiro, ou, se é casado, viver bem longe da mulher. (*enquanto fala, Henriqueta vem-se aproximando dele pouco a pouco*) Vivo como um lindo amor! Ora, já não posso aturar a minha cara-metade... O que me vale é estar ela há mais de duzentas léguas de mim. (*Henriqueta, que a este tempo está junto dele, agarra-lhe pela gola da casaca. Jeremias, assustando-se*) Quem é? (*Henriqueta dá-lhe uma bofetada e o deixa. Jeremias, gritando*) Ai, tragam luzes! São ladrões! (*aqui entra o criado com luzes*)

HENRIQUETA

É outra girândola, patife!

JEREMIAS

Minha mulher!

HENRIQUETA

Pensavas que te não havia de encontrar?

JEREMIAS

Mulher do diabo!

HENRIQUETA

Agora não te perderei de vista um só instante.

JEREMIAS

(*para o criado*)

Vai-te embora. (*o criado sai*)

HENRIQUETA

Ah, não queres testemunhas?

JEREMIAS

Não, porque quero te matar!

HENRIQUETA

Ah, ah, ah! Disso me rio eu.

JEREMIAS

(*furioso*)

Ah, tens vontade de rir? Melhor; a morte será alegre. (*tomando-a pelo braço*) Tu és uma peste, e a peste se cura; és um demônio, e os demônios se exorcizam; és uma víbora, e as víboras se matam!

HENRIQUETA

E aos desavergonhados se ensinam! (*levanta a mão para dar-lhe uma bofetada, e ele, deixando-a, recua*) Ah, foges?

JEREMIAS

Fujo sim, porque da peste, dos demônios, e das víboras se foge... Não quero mais te ver! (*fecha os olhos*)

HENRIQUETA

Hás de ver-me e ouvir-me!

JEREMIAS

Não quero mais te ouvir! (*tapa os ouvidos com a mão*)

HENRIQUETA

(*tomando-o pelo braço*)

Pois hás de me sentir!

Jeremias
(*saltando*)

Arreda!

Henriqueta

Agora não me arredarei mais do pé de ti, até o dia do Juízo...

Jeremias

Pois agora também faço eu protesto solene a todas as nações, declaração formalíssima à face do universo inteiro, que hei de fugir de ti como o diabo foge da cruz; que hei de evitar-te como o devedor ao credor; que hei de odiar-te como as oposições odeiam as maiorias.

Henriqueta

E eu declaro que te hei de seguir como a sombra segue o corpo...

Jeremias
(*com exclamação*)

Meu Deus, quem me livrará deste diabo encarnado?

Criado
(*entrando*)

Uma carta da Corte para o Sr. Jeremias.

Jeremias

Dá cá. (*o criado entrega a carta e sai. Jeremias, para Henriqueta*) Não ter eu a fortuna, peste, que esta carta fosse a de convite para teu enterro...

HENRIQUETA

Não terá esse gostinho. Pode ler, não faça cerimônia.

JEREMIAS

Não preciso da sua permissão. (*abre a carta e a lê em silêncio*) Estou perdido! (*deixa cair a carta no chão*) Desgraçado de mim! (*vai cair sentado na cadeira*)

HENRIQUETA

O que é?

JEREMIAS

Que infelicidade, ai!

HENRIQUETA

Jeremias!

JEREMIAS

Arruinado! Perdido!

HENRIQUETA

(*corre e apanha a carta e a lê*)

"Sr. Jeremias, muito sinto dar-lhe tão desagradável notícia. O negociante a quem o senhor emprestou o resto de sua fortuna acaba de falir. Os credores não puderam haver nem 2 por cento do rateio. Tenha resignação..." – Que desgraça! Pobre Jeremias! (*chegando-se para ele*) Tende coragem.

JEREMIAS

(*chorando*)

Ter coragem! É bem fácil de dizer-se... Pobre, miserável... Ah! (*levantando-se*) Henriqueta, tu que sempre me amaste, não me abandones agora... Mas não, tu me abandonarás; eu estou pobre...

HENRIQUETA

Injusto que tu és. Acaso amava eu o teu dinheiro, ou a ti?

JEREMIAS

Minha boa Henriqueta, minha querida mulher, agora que tudo perdi, só tu és o meu tesouro; só tu serás a consolação do pobre Jeremias.

HENRIQUETA

Abençoada seja a desgraça que me faz recobrar o teu amor! Trabalharemos para viver, e a vida junto de ti será para mim um paraíso...

JEREMIAS

Oh, nunca mais te deixarei! Partamos para o Rio de Janeiro, partamos, que talvez ainda seja tempo de remediar o mal.

HENRIQUETA

Partamos hoje mesmo.

JEREMIAS

Sim, sim, hoje mesmo, agora mesmo...

HENRIQUETA

Espera.

JEREMIAS

O quê?

HENRIQUETA

Virgínia e Clarisse irão conosco.

JEREMIAS

Virgínia e Clarisse? E seus maridos?

HENRIQUETA

Ficam.

JEREMIAS

E elas?

HENRIQUETA

Fogem.

JEREMIAS

Acaso tiraram eles a sorte grande?

HENRIQUETA

Lisonjeiro!

JEREMIAS

Venha quem quiser comigo, fuja quem quiser, que eu o que quero é ver-me no Rio de Janeiro.

HENRIQUETA

Vem cá. (*saindo*) Feliz de mim! (*saem pela direita*)

Cena X

Entram pela esquerda JOHN *e* BOLINGBROK, *fumando.*

Bolingbrok
(*entrando*)

Very good porter, John.

John

Sim. É um pouco forte.

Bolingbrok

Oh, forte não! Eu ainda pode bebe mais. (*senta-se e chama*) Tomás? Tomás? (*o criado entra*) Traz uma ponche. (*o criado sai*)

John

Pois ainda queres beber? (*sentando-se*)

Bolingbrok

John, tu bebe também comigo; eu quero bebe à saúde de minha Clarisse, e tu, de Virgínia. (*gritando*) Tomás? Tomás? (*o criado entra com uma salva com dois copos de ponche*) Bota aqui! (*o criado deixa a bandeja sobre a mesa e sai*)

John
(*bebendo*)

À tua saúde, Bolingbrok.

Bolingbrok
(*bebendo*)

Yes, minha saúde... Também saúde tua. Oh, este ponche está belo. John, à saúde de Clarisse!

John

Vá, à saúde de Clarisse e de Virgínia. (*bebem*)

BOLINGBROK

Oh, este garrafa... É rum de Jamaica. Toma, John. (*deita rum nos copos*)

JOHN

À autoridade marital!

BOLINGBROK

Yes, autoridade maritale! (*bebem*)

JOHN

De duas coisas uma, Bolingbrok: ou é a mulher, ou o marido que governam.

BOLINGBROK

Yes, quando mulher governa, tudo leva diabo!

JOHN

Bravo! Tens razão e compreendes... À nossa saúde! (*bebem*)

BOLINGBROK

Marido governa mulher, ou – *goddam!* – mata ela. (*dá um soco na mesa*)

JOHN

(*falando com dificuldade*)

Obediência mata... salva tudo... Bolingbrok, à saúde da obediência!

BOLINGBROK

Yes! (*falando com dificuldade*) Eu quer obediência. (*bebem*)

JOHN

Virgínia é minha mulher... Há de fazer o que eu quero.

BOLINGBROK

Brasil é bom para ganhar dinheiro e ter mulher... Os lucros... cento por cento... É belo! John, eu quero dorme, mim tem a cabeça pesada... (*vai adormecendo*)

JOHN

Eu tenho sede. (*bebe*) Bolingbrok dorme. Ah, ah, ah! (*rindo-se*) Está bom, está bêbado! Ah, ah! Cabeça fraca... Não vai a teatro... Virgínia... (*adormece*)

Cena XI

Entram VIRGÍNIA, CLARISSE, HENRIQUETA *e* JEREMIAS *como quem vão de viagem, trazendo trouxas, caixa de chapéu, etc.*

VIRGÍNIA

(*entrando*)

Silêncio, que eles dormem. (*adiantam-se para a cena, pé ante pé, passando entre os dois e o pano de fundo*)

CLARISSE

(*parando detrás dos dois*)

Se eles se arrependessem...

HENRIQUETA

Nada de fraqueza, vamos!

VIRGÍNIA

Talvez ainda fôssemos felizes...

JEREMIAS

Nada de demora, ou vou só...

VIRGÍNIA

Clarisse, fiquemos!

JOHN

(*sonhando*)

Virgínia é minha escrava.

VIRGÍNIA

Sua escrava?...

BOLINGBROK

(*sonhando e batendo com o punho na mesa*)

Eu mata Clarisse...

CLARISSE

Matar-me?...

VIRGÍNIA *e* CLARISSE

Vamos! (*vão atravessando para a porta da esquerda*)

HENRIQUETA

Adeus, *gódames!*

JEREMIAS

(*da porta*)

Good night, my dear! (*saem todos. Bolingbrok e John, com o grito de Jeremias, como que acordam; esfregam os olhos*)

BOLINGBROK
(*dormindo*)

Good night!

JOHN
(*dormindo*)

Yes! (*tornam a cair em profundo sono e desce o pano*)

FIM DO SEGUNDO ATO

ATO TERCEIRO

(Sala: portas laterais e no fundo; no meio, uma mesa. No segundo plano, à direita, um guarda-pratos, e à esquerda, duas meias pipas serradas pelo meio; cadeiras.)

Cena I

VIRGÍNIA *e* CLARISSE, *sentadas junto à mesa, cosendo.*
NARCISO, *tendo um papel na mão.*

NARCISO
(entrando)
Está pronto. Muito bem! Meninas, é preciso que assinem este papel.

VIRGÍNIA
E que papel é este?

NARCISO
(apresentando-lhe o papel e uma pena)
A procuração para anular os vossos casamentos.

Virgínia

Ah, dê-me! (*toma o papel e assina*) Agora tu, Clarisse.

Clarisse

(*toma o papel e assina*)

Está assinado.

Narciso

Muito bem, muito bem, minhas filhas! Tudo está em regra. Não descansarei enquanto não vir anulados estes malditos casamentos. Casamento! Patifes, hei de ensiná-los. Já estive esta manhã com o meu letrado, que dá-me muito boas esperanças. Minhas filhas, espero em Deus e na Justiça, que amanhã estejais livres.

Clarisse

Livres?

Narciso

Sim, sim, e podereis então casar-vos de novo com quem quiserdes.

Virgínia

Casarmo-nos de novo?

Narciso

E por que não? Filhas, uma coisa vos quero eu pedir...

Clarisse

O quê, meu pai?

NARCISO

Fugistes de minha casa; dois meses depois voltastes, e um só queixume ainda não ouvistes de vosso pai, que vos recebeu com os braços abertos.

VIRGÍNIA

Meu pai... (*levantando-se*)

NARCISO

Uma só coisa vos peço eu agora, filhas.

CLARISSE

(*levantando-se*)

Ordenai.

NARCISO

Amanhã estareis livres, e espero que aceiteis os noivos que eu vos destino.

CLARISSE

Noivos?

VIRGÍNIA

E quem são eles?

NARCISO

Para ti será o amigo Serapião.

VIRGÍNIA

Serapião?

NARCISO

(*para Clarisse*)

E para ti, o vizinho Pantaleão.

CLARISSE

Pantaleão?

NARCISO

São duas dignas pessoas. Enfim, trataremos disso; talvez hoje vo-los apresente. Adeus, adeus, que é tarde. Vou daqui ao teatro. Já vos disse que hoje não janto em casa; por conseguinte, quando forem horas, não me esperem. Manda tirar estas vasilhas aqui da sala. (*sai*)

Cena II

As ditas e depois HENRIQUETA

VIRGÍNIA

Que me dizes a esta, mana? Eu, casada com um Serapião!

CLARISSE

E eu, com um Pantaleão!

VIRGÍNIA

Isto não pode ser...

CLARISSE

Que dúvida!

VIRGÍNIA

Até porque ainda nutro certas esperanças...

CLARISSE

E eu também.

HENRIQUETA
(*da porta*)

Dá licença?

VIRGÍNIA *e* CLARISSE

Henriqueta! Entra!

HENRIQUETA

Como passam vocês?

VIRGÍNIA

Bem, e tu?

HENRIQUETA

Vamos passando. Então, o que há de novo?

VIRGÍNIA

Muitas coisas... Amanhã estaremos completamente livres.

CLARISSE

E poder-nos-emos casar com Serapiões e Pantaleões.

HENRIQUETA

Hem? O que é isso?

CLARISSE

É cá um projeto do nosso pai.

HENRIQUETA

Um projeto?

Virgínia

Meu pai quer nos casar de novo.

Henriqueta

Sim? E vocês consentem em tal, e estão completamente resolvidas a abandonarem os pobres inglesinhos?

Virgínia

Não sei o que te diga...

Clarisse

Sabes, Henriqueta, que eles estão cá no Rio?

Henriqueta

Sei. Ontem encontrei o teu, o Bolin, Bolin... Que maldito nome, que nunca pude pronunciar!

Clarisse

Bolingbrok.

Henriqueta

Bolinloque a passear no Largo do Paço, vermelho como um camarão. Assim que avistou-me, veio direitinho para mim; mas eu que não estava para aturá-lo, fiz-me de esquerda e fui andando.

Virgínia

Há quinze dias que chegaram da Bahia, e atormentam-nos com cartas e recados.

Henriqueta

E já encontraste com ele?

VIRGÍNIA

Já, em um baile.

HENRIQUETA

E dançastes com ele?

VIRGÍNIA

Não.

CLARISSE

Por cinco ou seis vezes vieram convidar-nos para contradança, polca e valsa, mas nós, nada de aceitar.

HENRIQUETA

Coitados!

CLARISSE

E se tu visses a aflição em que eles estavam! Como viam que nós não os queríamos aceitar para pares, zangados e raivosos agarravam-se ao primeiro par que encontravam, e agora verás! Saltavam como uns demônios... Cada pernada!...

VIRGÍNIA

E na polca ia tudo raso, com pontapés e encontrões. Todos fugiam deles. Ah, ah!

HENRIQUETA

Assim é que os ingleses dançam; é moda entre eles.

CLARISSE

E depois iam para a sala dos refrescos, e – grogue e mais grogue...

HENRIQUETA

Era para afogar as paixões. Ah, ah, ah!

VIRGÍNIA

(*rindo-se*)

Ah, ah, ah! Com que caras estavam!

CLARISSE

(*rindo-se*)

E eu a regalar-me de não fazer caso deles.

VIRGÍNIA

E sabes tu que hoje eles jantam conosco?

HENRIQUETA

Aqui?

VIRGÍNIA

Sim, mandamo-los convidar.

HENRIQUETA

Para mangarem com eles?

CLARISSE

Sim, e nos pagarem os dissabores por que passamos na Bahia. Vês aquelas duas vasilhas? É uma das manias de meu pai. Deu-lhe hoje para tingir o algodão de Minas que dá para roupa dos negros. Ali dentro ainda há um resto de tinta, e eu tenho cá um plano...

HENRIQUETA

E depois?

CLARISSE

Depois? Veremos...

VIRGÍNIA

Henriqueta, o que é feito de teu marido?

HENRIQUETA

Anda no seu lidar. Depois que perdeu tudo, fez-se procurador de causas... Pobre Jeremias! Mas eu sou bem feliz, porque ele agora ama-me. (*dentro dão palmas*)

CLARISSE

Dão palmas; são eles! Henriqueta, recebe-os, enquanto nos vamos preparar.

BOLINGBROK

(*dentro*)

Dá licença?

VIRGÍNIA

Vamos. (*sai com Clarisse*)

HENRIQUETA

Pode entrar. Isto há de ser bom!

Cena III

HENRIQUETA, BOLINGBROK *e* JOHN. BOLINGBROK *e* JOHN *virão de calça e colete branco e casaca.*

JOHN

(*à porta*)

Dá licença?

HENRIQUETA

Os senhores podem entrar.

JOHN

(*entrando*)

Minha senhora...

BOLINGBROK

(*para John*)

Este é mulher de Jeremias!

HENRIQUETA

Queiram ter a bondade de assentarem-se.

BOLINGBROK

No precisa; obrigada. Dona Clarisse?

JOHN

Posso falar com a senhora Dona Virgínia?

HENRIQUETA

Neste momento estão lá dentro, ocupadas. Terão a bondade de esperarem um pouco...

BOLINGBROK

Mim não pode espera; quer fala a ela já.

HENRIQUETA

Ui!

JOHN

Bolingbrok!

Bolingbrok

Eu grita, chama ela. Clarisse? (*gritando*) Clarisse?

Henriqueta

Não grite, que já a vou chamar. Safa! (*sai*)

John

Estais louco?

Bolingbrok

(*passeando pela casa com passos largos*) John, oh, oh, mim está zanga...

John

E eu também não estou muito contente; mas enfim, é preciso termos paciência; estamos em casa de nossas mulheres.

Bolingbrok

Yes, eu estar satisfeita de estar junto de Clarisse.

John

E eu, de Virgínia. (*assenta-se*) Há três meses que as vimos pela primeira vez e lhe fizemos a corte; e eis-nos de novo obrigados a principiarmos...

Bolingbrok

(*sempre passeando de um para outro lado*) *Yes*, começa *declaration* outra vez...

John

Que de acontecimentos, que de tribulações!... Mas tu é que és a causa de tudo isto.

BOLINGBROK
(*parando*)

Mim, John?

JOHN

Sim.

BOLINGBROK

Oh, este é forte! Culpada é tu, que dá conselho a mim. Maus conselhos...

JOHN

Sim? E tu, com estes maus modos?

BOLINGBROK

Oh, eu é que diz: minha ladrãozinho é mau, minha amorzinho é mau?... Oh, eu queixa de ti, e se ti não estar minha sócio... Eu dá soco.

JOHN
(*levantando-se*)

Tu é que precisas uma roda deles.

BOLINGBROK
(*chegando-se para John*)

Eu é que precisa, John? Eu é que precisa, John?

JOHN
(*gritando*)

É sim, maluco!

BOLINGBROK
(*gritando muito junto de John*)

Eu é que precisa, John?

JOHN
(*empurrando-o*)
Irra, não me ensurdeças!

BOLINGBROK
Oh! (*arregaçando as mangas*) John, vamos joga soco? Vamos, John? Eu quer quebra o nariz...

JOHN
Chega-te para lá!

BOLINGBROK
Oh!

Cena IV

VIRGÍNIA, CLARISSE *e os ditos*

CLARISSE
(*entrando*)
O que é isto, senhores?

BOLINGBROK
(*estático*)
Oh!

JOHN
Minhas senhoras, não é nada.

BOLINGBROK
(*cumprimentando*)
Minhas comprimentas.

JOHN

A bondade que tivestes de nos convidar...

VIRGÍNIA

Queiram se assentar. (*puxam cadeiras e assentam-se na seguinte ordem: Virgínia e Clarisse à direita, e Bolingbrok e John à esquerda, e em distância*)

JOHN

(*tossindo*)

Hum, hum!

BOLINGBROK

(*tossindo*)

Hum, hum! (*as duas sorriem-se*)

JOHN

O dia hoje está fresco...

BOLINGBROK

Está bonita dia...

JOHN

E creio que teremos chuva...

BOLINGBROK

Muita chuva; a tempo está perturbada...

VIRGÍNIA

(*sorrindo-se*)

Bem vejo que está perturbado.

CLARISSE

(*desatando a rir*)

E muito... Ah, ah!

BOLINGBROK

Oh!

JOHN

Enfim, senhoras, temos a felicidade de vos falar sem testemunhas.

BOLINGBROK

E de nos achar junta de vós.

VIRGÍNIA

Temos nisso grande satisfação.

JOHN

E esse obséquio fez-se tanto esperar!

BOLINGBROK

Yes... Mim estava sequiosa para vos ver.

CLARISSE

Sequioso? Quer um copo de água com açúcar?

BOLINGBROK

No, no. I thank you.

CLARISSE

Não faça cerimônia... Parece-me tão alterado...

BOLINGBROK

(*levantando-se*)

No quer! Oh!

JOHN

(*levantando-se*)

Senhoras, este cerimonial muito pesa depois de tão longa ausência. Não seria melhor deixarmos de lado estes modos polidos, reservados, e falarmos sinceramente?

VIRGÍNIA

(*levantando-se*)

Como quiserdes, mas lembrai-vos das condições mediante as quais vos concedemos esta entrevista – nem uma palavra sobre o passado.

JOHN

Recusais ouvir a nossa justificação?

BOLINGBROK

Oh, não dá orelha a nós?

JOHN

Se temos culpa, vós também a tendes.

VIRGÍNIA

Nós, senhor?

BOLINGBROK

Yes.

JOHN

Sem dúvida! Abandonar-nos!...

VIRGÍNIA

(*com gravidade*)

Senhores, vós pensastes que depois de nos enganar cruelmente, sujeitar-nos-íamos, de boa vontade, a ser vossas escravas? Muito vos iludistes! Felizmente recobramos a nossa liberdade, e estamos resolvidas a não sacrificá-la de novo.

CLARISSE

O vosso proceder foi uma traição indigna.

BOLINGBROK

My Clarisse!

JOHN

Virgínia, nunca me amaste...

VIRGÍNIA

Mas convenha que muito pouco tem feito para alcançar o meu amor.

CLARISSE

Basta; deixemos de recriminações. Os senhores farão o obséquio de jantarem conosco.

BOLINGBROK

(*contente*)

Oh, *by God!*

JOHN

(*contente*)

É isto para nós de grande satisfação.

BOLINGBROK

(*à parte, para John*)

Elas inda gosta de nós, John. (*alto, e muito risonho*) Eu está muito satisfeita, muito contente janta com vós. Ah, ah, ah!

VIRGÍNIA

Henriqueta, nossa amiga, jantará também conosco.

BOLINGBROK

Henriqueta, mulher de Jeremias? Jeremias está traidor.

CLARISSE

Jeremias é uma pessoa de nossa amizade.

BOLINGBROK

Oh, *pardon!* Então é minha amiga.

VIRGÍNIA

Um favor que lhe quisera eu pedir...

JOHN

Ordenai.

VIRGÍNIA

Henriqueta gosta muito de empadas e pão-de-ló; se quisesse ter a bondade de ir ali à confeitaria e comprar...

JOHN

Oh!

VIRGÍNIA

Como? Não quereis?

JOHN

Eu vou, eu vou. (*sai apressado*)

CLARISSE

Se eu achasse quem quisesse ir comprar alface para salada...

BOLINGBROK

Eu vai, *Miss*, eu vai.

CLARISSE

Quer ter esse incômodo?

BOLINGBROK

Incômodo não; dá prazer, basta, eu faz... Eu compra alface, batata, repolha e nabos; eu traz tudo... Eu está muito satisfeita. Eu volta. (*sai*)

Cena V

VIRGÍNIA, CLARISSE *e* HENRIQUETA. VIRGÍNIA *e* CLARISSE, *logo que* BOLINGBROK *sai, caem assentadas nas cadeiras e riem-se às gargalhadas.*

HENRIQUETA
(*entrando*)

O que é? De que se riem? Que é deles?

VIRGÍNIA
(*rindo-se*)

Ah, ah, ah! Isto é delicioso!

CLARISSE
(*rindo-se*)

Ah, ah, ah! É magnífico!

HENRIQUETA

Acabem de rir, e digam-me o que é.

CLARISSE

O meu ex-marido foi comprar alfaces e couves...

VIRGÍNIA

E o meu, empadas e pão-de-ló. Ah, ah!...

HENRIQUETA

Eles mesmos? Tão orgulhosos como são?

VIRGÍNIA

Pois então? É que o caso mudou de figura. Na Bahia não queriam nem carregar o nosso chapelinho-de-sol.

CLARISSE

E agora carregarão tudo quanto quisermos.

HENRIQUETA

Assim são os homens... Ou mansos cordeiros quando dependem, ou bravios leões quando nos governam. Ah, se não precisássemos deles...

Cena VI

JEREMIAS *e os meninos.* JEREMIAS *virá vestido muito ordinariamente.*

JEREMIAS

Viva!

VIRGÍNIA *e* CLARISSE

Sr. Jeremias!

JEREMIAS

Como passam?

VIRGÍNIA *e* CLARISSE

Bem.

HENRIQUETA

Que fazes tu por aqui a estas horas?

JEREMIAS

Vim falar com estas senhoras.

VIRGÍNIA

Conosco?

JEREMIAS

Nem mais, nem menos.

CLARISSE

E para quê?

JEREMIAS

Seu pai encarregou ao seu procurador estes papéis. (*mostra-lhe uns papéis*) É o auto de anulação do vosso casamento com os meus amigos *ínglis*. O procurador, porém, que é um procurador muito procurado e tem muito que fazer, encarregou-me de dar andamento aos papéis. Não sei se já tive a distinta de lhes participar que depois que não soube dirigir o que era meu, trato de negócios dos outros...

CLARISSE

Já sabemos, que no-lo disse Henriqueta.

JEREMIAS

Muito bem. Recebi os papéis, e lançando os olhos sobre eles, li os vossos nomes, o dos nossos caríssimos amigos e a causa de toda a barulhada, e disse cá com os meus botões: isto pode ser maroteira do velho Narciso das Neves, e ainda que vejo aqui a assinatura de suas filhas, não façamos nada sem consultá-las... Pus-me a caminho e eis-me aqui.

VIRGÍNIA

Muito lhe agradecemos.

JEREMIAS

Não há de quê.

HENRIQUETA

És um excelente rapaz.

JEREMIAS

Obrigado. Mas então, que querem que eu faça? Dá-se andamento aos papéis, ou não?

CLARISSE

Responde tu Virgínia.

VIRGÍNIA

E por que não respondes tu?

HENRIQUETA

Ah, já sei! Nenhuma quer responder, para ao depois não ter do que se arrepender. Pois decidirei eu.

JEREMIAS

Ainda bem. Sempre te conheci com resolução.

HENRIQUETA

Não dê andamento a esses papéis.

CLARISSE

E por quê?

HENRIQUETA

Porque bem depressa se arrependerão. Falemos claramente; vocês ainda conservam esperanças...

VIRGÍNIA

E quem te disse?

HENRIQUETA

Isso não é preciso que se diga; adivinha-se.

CLARISSE

Pois bem, sejamos sinceras. Sr. Jeremias, nós ainda amamos os nossos ingratos, e nem poderemos esquecer-nos que por eles fugimos desta casa, e que para eles vivemos dois meses... Nós, as mulheres, não somos como os senhores; o nosso amor é mais constante e resiste mais tempo.

HENRIQUETA

Estás ouvindo?

CLARISSE

Mas em compensação, somos vingativas. Os nossos caros ex-maridos hão de primeiro pagar com usura o que sofremos, se quiserem ser perdoados. Hão de se curvar como nós nos curvamos, e obedecerem à nossa voz com humildade... Assim, talvez, nos dignemos perdoá-los.

JEREMIAS

Bravíssimo! Vou fazer com estes papéis o que fazem todos os procuradores, meus colegas – dormir no caso...

Cena VII

Entra BOLINGBROK *com dois grandes samburás pendurados nos braços, cheios de hortaliças e frutas. Segue-o* JOHN *com uma empada em uma mão e um pão-de-ló na outra.*

BOLINGBROK
(*entrando*)

Está alface e repolha, *Miss*.

CLARISSE

Oh, muito bem.

JOHN

E a empada e pão-de-ló.

VIRGÍNIA

Andaram diligentes.

BOLINGBROK

Para ser agradável a vós.

HENRIQUETA

Dá cá a empada.

JEREMIAS

(*ao mesmo tempo*)

Dá cá um samburá.

BOLINGBROK

Jeremias está aqui!

JEREMIAS

Yes, my dear, dá samburá a mim. Oh, homem, compraste o mercado inteiro? (*depositam tudo sobre a mesa*)

BOLINGBROK

Para faze salada. (*indo para Clarisse*) *Miss* está contente?

CLARISSE

(*reprimindo o riso*)

Muito.

BOLINGBROK

Mim então está muito satisfeita.

VIRGÍNIA

Tratemos do mais.

JOHN

Querem ainda outra empada?

BOLINGBROK

Mais repolha e nabas?

Virgínia

Não, mas enquanto vamos lá dentro ver em que estado está o jantar, aqui está a mesa, e naquele guarda-pratos tudo o que é necessário para ela.

Clarisse

E os senhores terão a bondade de arranjarem isto.

Bolingbrok

Eu bota mesa? Oh!

John

Querem que preparemos a mesa?

Bolingbrok

(*à parte*)

Oh, este é muito! (*alto*) Mim não sabe faz doméstico; não quer.

Clarisse

Ah, não quer? Está bem. (*mostrando-se zangada*)

John

Pelo contrário, aceitamos o encargo com muito prazer. (*para Bolingbrok*) Cala-te, que botas tudo a perder. (*alto*) Não é verdade Bolingbrok, que temos nisso muito prazer?

Bolingbrok

Oh, *yes*. (*à parte*) *Goddam!* (*esforçando-se para rir*) Está contente bota mesa para nós janta; muito bom, está satisfeita, muito... (à *parte, raivoso*) *Goddam!*

CLARISSE
(*com ternura*)

E eu te agradeço.

BOLINGBROK

Te agradece? Oh, oh! (*muito alegre*)

VIRGÍNIA

Mãos à obra! Tirem a toalha e pratos.

JEREMIAS

Melhor será que os senhores tirem primeiro as casacas; assim não podem servir bem.

VIRGÍNIA, CLARISSE *e* HENRIQUETA

É verdade!

BOLINGBROK

Mim não tira casaca!

CLARISSE

Também não pedimos coisa alguma que os senhores façam de boa vontade! É sempre de mau modo.

BOLINGBROK

Eu tira. John, tira casaca. (*despem ambos as casacas. As três riem-se às escondidas*)

JEREMIAS

Agora sim, parecem-se mesmo uns criados ingleses.

VIRGÍNIA

Henriqueta, vamos ver o jantar. Já voltamos. (*saem as três, rindo-se*)

Cena VIII

BOLINGBROK, JOHN *e* JEREMIAS

JEREMIAS

(*da extremidade direita da sala, observa, rindo-se, os dois, que abrindo o guarda-prato, tiram dele toalhas, pratos, etc.*)

Eis aí está como se abate o orgulho. São meus amigos, é verdade, mas estimo que isto lhes aconteça. Oh, se pudéssemos assim abater a proa a outros muitos *inglismanes* que eu conheço... (*alto*) John, põe esta mesa direito! Bolingbrok, *adio, my dear, farewell... Good night.* (*sai*)

Cena IX

BOLINGBROK *e* JOHN

JOHN

(*pondo a mesa*)

Então, que me dizes a isto?

BOLINGBROK

(*pondo a mesa*)

Eu está envergonhada. Quem havia dize que William Bolingbrok limpa pratas como uma cozinheiro, e carrega repolha e samburá?

JOHN

Que queres? Com submissão e paciência é que as tornaremos favoráveis... Cada vez a amo mais.

BOLINGBROK

Eu também, John. As garfos fica aqui... Mim está maluco por Clarisse.

JOHN

Aqui governam elas; lá governávamos nós.

BOLINGBROK

Yes. Nós está cativa aqui. Este é desagradável, mas está satisfeita de serve ela.

Cena X

Entram VIRGÍNIA, CLARISSE *e* HENRIQUETA, *apressadas*.

VIRGÍNIA

(*entrando*)

Escondam-se!

CLARISSE

(*entrando, ao mesmo tempo*)

Escondam-se!

HENRIQUETA

E depressa!

BOLINGBROK

O que é?

JOHN
(*ao mesmo tempo*)

O que foi?

CLARISSE

Meu pai aí vem, e se aqui os encontra, estamos perdidas!

BOLINGBROK

Oh, que fazer?

HENRIQUETA

Escondam-se, escondam-se!

JOHN

Mas onde? Onde?

VIRGÍNIA

Dentro daquelas pipas.

CLARISSE

É verdade! Andem, andem! (*as três empurram-nos para junto das meias pipas. Henriqueta levanta a tampa de madeira que as cobre*)

HENRIQUETA

Entrem!

JOHN

Oh, estão com água!

BOLINGBROK

É tinta, John!

VIRGÍNIA

E o que tem isso? Entrem!

CLARISSE

Por quem sois, entrai, senão morreremos!

BOLINGBROK

Entra, John.

JOHN

Entrar? Mas a tinta?

VIRGÍNIA

É assim que nos amais?

HENRIQUETA

Pior é a demora.

VIRGÍNIA

Meu John, compadece-te de mim!

CLARISSE

Meu Bolingbrok, só assim te perdoaremos, e tornarei a amar-te.

HENRIQUETA

Entrem, entrem!

BOLINGBROK

John, entra; elas torna ama a nós. (*Bolingbrok e John entram nas pipas; as moças cobrem-nas com as tampas e, trepando sobre elas, dançam e riem-se*)

HENRIQUETA

Ah, ah, ah, que belo ensino!

VIRGÍNIA

Agora sim, estamos vingadas!

CLARISSE

Quantas casadas conheço eu, que invejam agora a nossa posição... (*dança*)

HENRIQUETA

Está bom; não se demorem muito, que eles podem morrer.

VIRGÍNIA

(*saltando*)

Morrer? Isso não! Morto não me serve de nada.

CLARISSE

(*saltando*)

Para ensino, basta.

HENRIQUETA

Sinto passos...

VIRGÍNIA

Quem será?

NARCISO

(*dentro*)

Diga que o espero.

CLARISSE

É meu pai.

VIRGÍNIA

Oh, com esta não contava eu! Que faremos?

HENRIQUETA

Ora, eis aí está! Vocês foram meter medo aos pobres ingleses com a vinda de seu pai, e ele chega sem ser esperado...

Cena XI

NARCISO *e as ditas*

NARCISO

(*entrando*)

Ai, que estou estafado! Muito tenho andado (*sentando-se*), e muito conseguido...

CLARISSE

Meu pai resolveu-se a jantar em casa?

NARCISO

Sim, estou com muitas dores de cabeça, e o jantar fora incomodar-me-ia... Mas quê? Esta mesa...

HENRIQUETA

(*à parte*)

Mau...

NARCISO

Tantos talheres?

VIRGÍNIA

Henriqueta e seu marido jantavam conosco.

NARCISO

Ah, está bom. Acrescentem mais dois talheres.

CLARISSE

Para quem?

NARCISO

Para os amigos Serapião e Pantaleão.

VIRGÍNIA

Pois vêm jantar conosco?

SERAPIÃO

(*dentro*)

Dá licença?

NARCISO

Ei-los. (*levantando-se*) Podem entrar. (*indo ao fundo*)

CLARISSE

(*para Virgínia e Henriqueta*)

E então?

VIRGÍNIA

Não sei no que isto dará…

Cena XII

SERAPIÃO, PANTALEÃO *e os ditos.* SERAPIÃO *e* PANTALEÃO *virão vestidos como velhos que são, e muito estúrdios.*

NARCISO

Sejam muito bem-vindos, meus caros amigos.

CLARISSE

(*à parte*)

Oh, que figuras!

SERAPIÃO

Deus esteja nesta casa.

PANTALEÃO

Humilde criado...

NARCISO

Entrem, entrem, meus caros amigos; aqui estão elas. Hem? Que vos parecem?

SERAPIÃO

Encantados!

PANTALEÃO

Belas como os amores!

NARCISO

Bravo, amigo Pantaleão, como estais expressivo! Meninas, então? Cheguem-se para cá; é dos senhores que eu há pouco vos falava. (*aqui Bolingbrok e John levantam as tampas das pipas e observam*)

VIRGÍNIA

Muita satisfação tenho em conhecer ao Sr. ...

SERAPIÃO

Serapião.

VIRGÍNIA

Serapião.

CLARISSE

E eu, o Sr....

PANTALEÃO

Pantaleão.

CLARISSE

Pantaleão.

HENRIQUETA

Jibóia!...

NARCISO

Virgínia, Clarisse, minhas caras filhas, dar-me-eis hoje a maior satisfação com a vossa obediência. A estas horas, sem dúvida, estará lançada a sentença que anula o vosso primeiro casamento, e dentro de oito a quinze dias espero que estejais unidas aos meus dignos amigos.

SERAPIÃO

Grande será a nossa felicidade...

PANTALEÃO

E contentamento.

NARCISO

E já me tarda ver este negócio concluído, porque, na verdade, ainda temo os tais inglesinhos.

SERAPIÃO

Que apareçam, e verão para quanto prestamos!

PANTALEÃO

Sim, sim, que apareçam! (*enquanto Serapião e Pantaleão falam, Bolingbrok e John levantam das pipas e saltam fora. Suas roupas, caras, mãos estarão o mais completamente tintas que for possível, isto é, Bolingbrok todo de azul e John de vermelho. Atiram-se sobre Serapião e Pantaleão, que dão gritos, espavoridos*)

BOLINGBROK

Goddam! Goddam!

JOHN

Aqui estamos!

NARCISO

(*assustadíssimo, corre para a porta do fundo, gritando*)

Ai, ai, é o diabo, é o diabo! (*Jeremias, que entra nesse instante, esbarra-se com ele e rolam ambos pelo chão. As três moças recuam para junto da porta da direita. Serapião e Pantaleão caem de joelhos, a tremerem. Bolingbrok e John gritam, enfurecidos*)

BOLINGBROK

Ah, tu quer casa, quer mulher a mim? *Goddam!*

JOHN

Pensas que assim há de ser, velho do diabo?

JEREMIAS
(*caindo*)

Que diabo é isso?

NARCISO
(*gritando*)

Ai, ai! (*levanta-se, quer fugir; Jeremias o retém*)

JEREMIAS

Espere! Aonde vai?

NARCISO

Deixe-me, deixe-me! (*Bolingbrok e John a este tempo têm deixado Serapião e Pantaleão caídos no chão; dirigem-se para Virgínia e Clarisse*)

JOHN
(*abraçando Virgínia*)

Não te deixarei mais!

BOLINGBROK
(*ao mesmo tempo, abraçando Clarisse*)

Mim não deixa mais vós.

VIRGÍNIA

Ai!

CLARISSE
(*ao mesmo tempo*)

Ai!

HENRIQUETA
(*indo para Narciso*)

Senhor Narciso, não se assuste!

JEREMIAS

(*puxando para frente*)

Venha cá.

JOHN

(*abraçado com Virgínia*)

Matar-me-ão junto de ti, mas eu não te deixarei... Não, não, Virgínia.

VIRGÍNIA

Não me suje de tinta!

BOLINGBROK

(*abraçado com Clarisse*)

Esfola a mim, mas eu não larga a vós! *No, no!*

JEREMIAS

(*que a este tempo tem obrigado Narciso a aproximar-se dos ingleses*)

Está vendo? São os primeiros maridos de suas filhas.

HENRIQUETA

Os ingleses.

NARCISO

Os ingleses? (*enfurecido, para os dois*) Ingleses do diabo, *goddams* de mil diabos, que fazem em minha casa? Larguem minhas filhas, ou eu sou capaz de... (*Bolingbrok e John deixam as mulheres e atiram-se sobre Narciso, e seguram-no*)

JOHN

Maldito velho!

BOLINGBROK
(*ao mesmo tempo*)
Velho macaco!

NARCISO
Ai, deixem-me!

JEREMIAS
John! Bolingbrok!

JOHN
Quero minha mulher!

BOLINGBROK
(*ao mesmo tempo*)
Minha mulher, macaco!

NARCISO
Diabos, diabos!

VIRGÍNIA
(*para John*)
Deixe meu pai!

CLARISSE
(*para Bolingbrok*)
Largue! Largue! (*ambas, ajudadas por Jeremias e Henriqueta, puxam os ingleses, que se mostram enfurecidos contra Narciso. Neste tempo, Serapião e Pantaleão estão de pé, olhando muito espantados para o que se passa*)

NARCISO
(*vendo-se livre dos ingleses*)
Haveis de pagar-me, ingleses do inferno! Patifes!

Bolingbrok

Larga a mim, Jeremias, larga; quer dar soco...

Narciso

(para Serapião e Pantaleão)

Amigos, ide chamar meirinhos, soldados, a justiça, para prender estes dois tratantes que desencaminharam minhas filhas.

John

(sempre seguro)

Virgínia é minha mulher!

Bolingbrok

(sempre seguro)

Clarisse é mulher a mim!

Narciso

Isso veremos! O casamento está anulado. A sentença a estas horas estará lavrada.

Jeremias

(adiantando-se)

Ainda não está.

Narciso

O quê?...

Jeremias

O procurador de Vossa Senhoria, o Sr. Moreira, por ter muito o que fazer, entregou-me os autos em que se tratava de cancelar o casamento de suas filhas, para eu dar andamento a eles. Deixei um instante sobre a minha mesa e os meus pequenos o puseram neste estado... (*assim dizendo, tira da algibeira da casaca uma grande porção de papel cortado em tiras estreitas*)

NARCISO

Oh! (*tomando algumas tiras de papel e examinando-as*) Oh, é a minha letra! A assinatura... Não tem dúvida! (*para Jeremias*) Que fizeste? (*Bolingbrok e John abraçam Jeremias*)

JOHN

Meu amigo!

BOLINGBROK

Minha amigo! (*ao mesmo tempo*)

JEREMIAS

Não me afoguem!

NARCISO

Vou me queixar ao Ministro inglês, vou me queixar ao Governo desta imposição inglesa. (*para Serapião e Pantaleão*) Vamos, amigos!

VIRGÍNIA

(*correndo para ele, e lançando-se-lhe aos pés*)
Meu pai!

CLARISSE

(*no mesmo, ao mesmo tempo*)
Meu pai!

NARCISO

O que é lá isso?

VIRGÍNIA

John ainda me ama.

CLARISSE

(*ao mesmo tempo*)

Bolingbrok ainda me ama.

JOHN *e* BOLINGBROK

Yes!

CLARISSE

E estará pronto a sujeitar-se a todas as cerimônias religiosas que tornem o nosso casamento legítimo.

JOHN

Eu estou pronto para tudo.

BOLINGBROK

Yes, pronta.

JEREMIAS

Meu caro senhor Narciso, a isto não se pode o senhor opor; elas querem... (*Bolingbrok e John abraçam a Jeremias*)

CLARISSE *e* VIRGÍNIA

Meu pai, eu ainda o amo.

NARCISO

Levantai-vos. (*as duas levantam-se*) Bem sei que sem o vosso consentimento não poderei anular o casamento. Senhores, depois que estiverdes legitimamente casados, poderei levar vossas mulheres.

JOHN

(*abraçando Virgínia*)

Minha Virgínia!

BOLINGBROK

(*abraçando Clarisse, ao mesmo tempo*)

My Clarisse!

NARCISO

(*para Serapião e Pantaleão*)

Perdoai-me, meus amigos.

JOHN

Jeremias, será nosso associado.

BOLINGBROK

Yes, serás nossa sociado!

JEREMIAS

Oh, eu vou fazer fortuna, minha Henriqueta! (*abraça-a*)

HENRIQUETA

Iremos para a Bahia e seremos todos...

JOHN, BOLINGBROK, VIRGÍNIA, CLARISSE, JEREMIAS *e* HENRIQUETA

Felizes!

NARCISO, SERAPIÃO *e* PANTALEÃO

(*ao mesmo tempo*)

Logrados!

FIM

IMPRESSÃO E ACABAMENTO:
YANGRAF Fone/Fax:
6195.77.22
e-mail:yangraf.comercial@terra.com.br